オリンピックと鉄道

東京・札幌・長野　こんなに変わった交通インフラ

松本典久
Matsumoto Norihisa

交通新聞社新書　140

オリンピックと鉄道――目次

第2章　1972年　札幌……143

本文に掲載の写真は、特記を除き交通新聞社の所蔵・撮影です。

はじめに

１９６４（昭和39）年の「東京オリンピック」以来、東京では56年ぶり2度目となる夏季オリンピックの開催である。

日本では１９７２（昭和47）年に「札幌オリンピック」、１９９８（平成10）年に「長野オリンピック」という2回の冬季大会も開催されており、オリンピックとして見ればのべ4回目となる。さらに前回の東京、長野ではオリンピックに引き続き、パラリンピックも開催されており、これは今回の東京でも同様だ。

こうしたオリンピック・パラリンピックの開催に合わせて世界中から多くのアスリートが集まる。その活躍はマスコミやＳＮＳなどによって世界中に伝えられるが、各競技場にはその修練の技を生で観戦すべく、多くの観客も集まる。「東京２０２０」の場合、入場券の販売枚数は現時点で公表されている1次抽選分だけで３２２万枚とされ、その総動員数は想像を絶する規模になるに違いない。

運営にあたる東京オリンピック・パラリンピック競技大会組織委員会では、各会場への観客アクセスや誘導について緻密なシミュレーションを行ない、関係各機関との協力体制を築きつつあるが、そのアクセス手段の基本とされるのは鉄道である。

鉄道は、大量性、高速性、安定性、安全性といった特性を持つ交通機関だ。オリンピックのようなイベントにおいても大きな能力を発揮し、各会場へのアクセスに欠かせない。さらにほかの輸送機関に比べて省エネルギーであり、二酸化炭素の排出も少なく、環境にやさしい交通機関としても評価されている。近年のオリンピックでは環境に対していかにローインパクトな運営ができるかという点についても大きな課題とされており、その意味でも鉄道の活用が重要になってくるのだ。

日本で開催された大会では、今回に限らず鉄道が大きな役割を果たしている。

そのために鉄道では大会に向けたさまざまな整備も行なわれてきた。しばしばその好例として話題にされるのは１９６４（昭和39）年に開業した東海道新幹線である。建設はオリンピック開催決定前に始まっていたが、この開催決定で開業に向けて現実性が生まれたことは事実だろう。以後、関係者の一丸となる努力の結晶として開業にこぎつけたのである。

残念ながらこうして誕生した東海道新幹線とオリンピックの直接的な関わりは少なかったようだが、新幹線はその後の日本を支える重要な交通路となり、そのネットワークを拡げながら今日に至っている。まさにオリンピックが与えてくれた大きな遺産といえる。

オリンピック開催をひとつのきっかけとして鉄道がどのように関わり、そして進化してきたのだろうか。「東京２０２０」を期に、これまでの歩みを振り返ってみたい。

第1章

1964年　東京

「東京オリンピック」の開催

●アジアで初めて開催されたオリンピック

１９６４（昭和39）年10月10日から24日まで、東京をメイン会場として「第18回オリンピック競技大会」が開催された。この大会は、日本そしてアジアでも初めての開催となるオリンピックで、一般には「東京オリンピック」と呼ばれている。２０２０年に第32回大会が再び東京で開催されることになったこともあり、こちらは「東京２０２０オリンピック」「東京オリンピック２０２０」のように開催年を併記して区別されるようになった。

日本では１９４０（昭和15）年に第12回大会が開催されることになっていたが、社会情勢に考慮して開催を返上した歴史もあり、１９６４（昭和39）年の東京オリンピックは極めて多くの期待の元に準備・開催することになった。

第12回大会開催返上後、日本はＩＯＣ（国際オリンピック委員会）からも脱退していたが、１９５１（昭和26）年に復帰を果たし、それから新たな大会招致へと努力を重ねていった。１９５８（昭和33）年にはＩＯＣ総会を日本で開催、さらに同年東京で開催された「第３回アジア競技大会」の実績なども認められ、１９５９（昭和34）年に東京オリンピックの開催が決まったのである。

●国家レベルでの対応が求められる一大事業に

東京オリンピックの競技は、20競技１６３種目となり、会場は東京都を中心に神奈川・埼玉・千葉・長野と４県に分散した。ここに93の国と地域から男子４４７３名、女子６７８名、合わせて５１５１名の選手が参加した（ＩＯＣによる）。さらに審判などの役員、報道関係者などを含めて約１万２０００名という規模でＩＤカードが発行されている。

また、オリンピックでは選手や役員といった関係者だけでなく、一般観客も集まる。これは会場の入場券発売枚数で想定された。

日本国内ではのべ１８０万枚が用意されたが、このうちの56万枚は小中学生向けとなっている。オリンピック参観を合わせた修学旅行なども企画され、ここには４・２倍におよぶ申し込みがあったという。一般向けには１２４万枚となるが、開催半年前の販売数は87万枚だった。国鉄などの輸送担当機関は入場券１・５枚につき１名とカウント、約58万人の輸送を想定して対策をとっている。

東京オリンピック（1964年）競技会場一覧表

会場名	競技種目	場所	収容人数
国立霞ヶ丘競技場	開・閉会式、陸上競技、サッカー、馬術（障害）	新宿区	71,600
秩父宮ラグビー場	サッカー	港区	17,600
東京都体育館	体操競技	渋谷区	6,500
東京都体育館屋内水泳場	水球	渋谷区	3,000
国立屋内総合競技場本館	水泳、飛び込み、近代五種（水泳）、水球	渋谷区	11,300
国立屋内総合競技場別館	バスケットボール	渋谷区	4,000
渋谷公会堂	重量挙げ	渋谷区	2,200
駒沢陸上競技場	サッカー	世田谷区	20,800
駒沢体育館	レスリング	世田谷区	3,900
駒沢バレーボール場	バレーボール	世田谷区	3,900
駒沢第1ホッケーグランド	ホッケー	世田谷区	2,000
駒沢第2ホッケーグランド	ホッケー	世田谷区	3,400
駒沢第3ホッケーグランド	ホッケー	世田谷区	2,300
馬事公苑	馬術（馬場）	世田谷区	2,600
早稲田大学記念会堂	フェンシング、近代五種（フェンシング）	新宿区	2,200
後楽園アイスパレス	ボクシング	文京区	4,500
日本武道館	柔道、デモンストレーション（武道）	千代田区	14,100
八王子自転車競技場	自転車競技	八王子市	4,100
八王子ロードレースコース	自転車競技	八王子市	3,000
朝霞根津パーク	近代五種（馬術）	埼玉県朝霞町（現・朝霞市）	1,300
朝霞射撃場	近代五種（射撃）、射撃（ライフル・ピストル）	埼玉県朝霞町（現・朝霞市）	1,200
戸田漕艇場	漕艇	埼玉県戸田町（現・戸田市）	8,300
大宮蹴球場	サッカー	埼玉県大宮市（現・さいたま市）	14,400
所沢クレー射撃場	射撃（クレー）	所沢市	1,300
横浜文化体育館	バレーボール	横浜市	3,800
三ツ沢蹴球場	サッカー	横浜市	10,100
江ノ島ヨットハーバー	ヨット	藤沢市	−
相模湖	カヌー	神奈川県相模湖町（現・相模原市）	1,500
東京大学検見川総合運動場	近代五種（陸上）	千葉市	1,500
軽井沢馬術場	馬術（総合）	長野県軽井沢町	1,500

*Games of the XVIII Olympiad, Tokyo 1964 : the official report of the Organizing Committeeを元に作成

東京オリンピック競技会場位置図

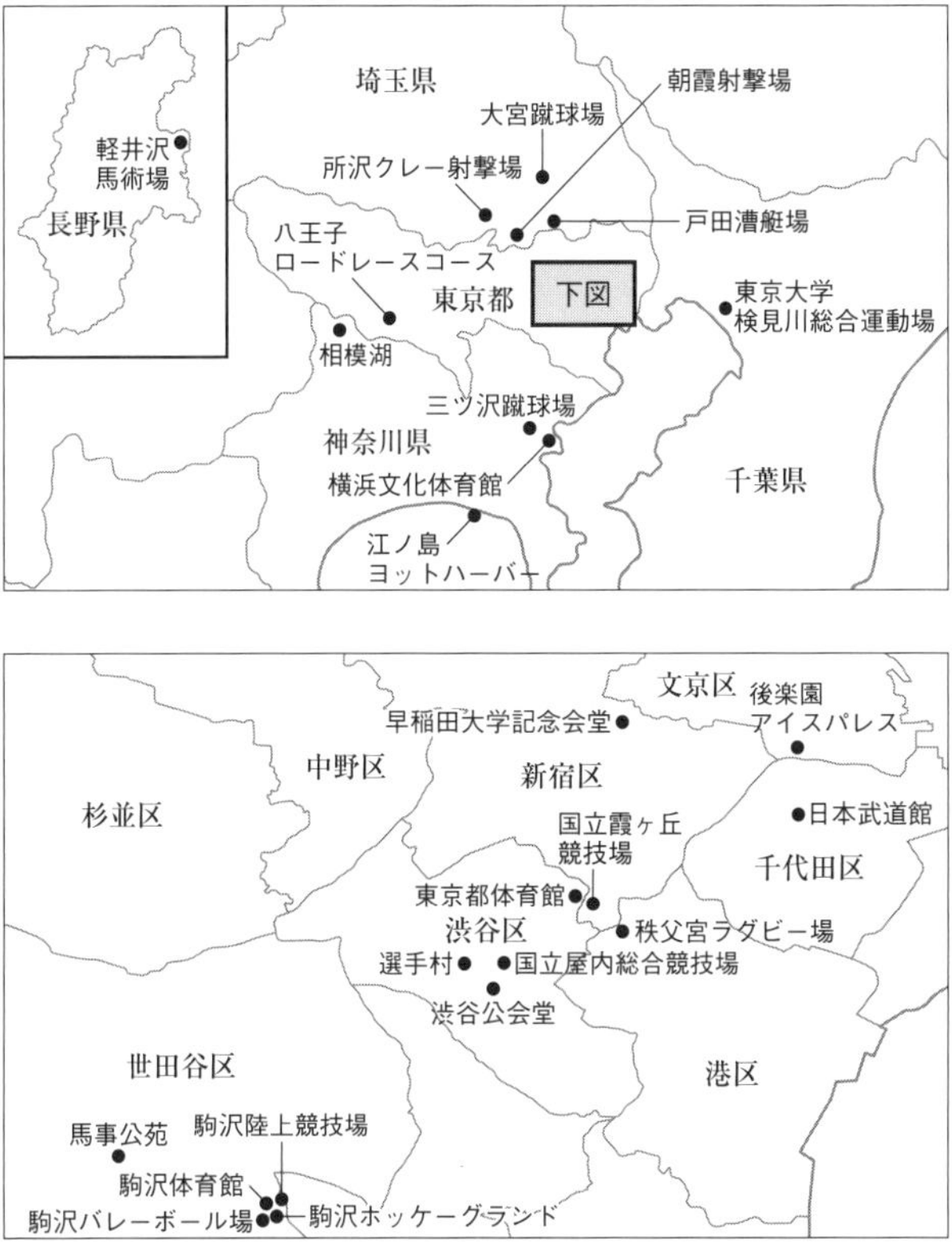

また、海外では開会式2万枚、閉会式1・5万枚、一般競技20万枚の計23・5万枚が用意されたが、事前の実売数はつかみきれていなかった。

さらに国内観客のうち都内在住は約6割、東京外は約4割と想定された。ここに海外からの観客を加えた宿泊も考慮しなければならなかった。ちなみに開催前年の首都圏ベッド数は運輸省環境局の統計によるとホテル・旅館を合わせて約1万5600名分となっていたが、この施設充実もはからねばならない。

つまり「東京オリンピック」の開催は、単に競技施設を整え、選手や役員といった関係者を迎えるだけでなく、広範囲・大規模におよぶ交通手段や宿泊といったインフラなども整えていく国家レベルの対応が求められる一大事業となったのである。

首都圏の宿泊ベッド数（1963年）

●ホテル

東京	10,032
京浜	665
湘南	44
熱海	71
箱根	3,744
計	14,556

●旅館

東京・京浜	911
伊豆・箱根	133
計	1044

＊運輸省観光局　昭和38年統計より

●パラリンピックは二部構成だった

東京オリンピック終了後の1964年11月8〜14日に東京で「第13回パラリンピック」も開催されている。現在では広く認知された障害者スポーツの総合競技大会だが、この時代は「パラリンピック」という名称も定まらず、この東京大会からパラプレジア（PARAPLEGIA／脊髄損傷などによる下半身麻痺者のこと）の「パラ」と、オリンピック（OLYMPIC）の「リンピック」を組み合わせて打ち出された呼称だ。

こうした経緯もあり11月8〜12日は第一部の「国際ストーク・マンデビル競技会」、11月13・14日は第二部の「身体障害者スポーツ大会（国内）」とされている。参加選手は外国選手369名、付添140名、国内選手480名、付添200名となり、国内選手のうちの50名は第一部にも参加している。競技会場はオリンピックで使われた国立屋内総合競技場本館、国立屋内総合競技場別館、東京都体育館屋内水泳場のほか、代々木オリンピック選手村内の織田グランドなどが使われ、第一部には14種目の競技が行なわれている。

当時、パラリンピックの知名度は低く、その規模もオリンピックよりはるかに小さかったが、オリンピックに向けた整備が大きく活用されたのだ。

オリンピック大会前の東京

●東京は世界一のメガシティに

１９６４（昭和39）年の「東京オリンピック」開催前、東京や日本はどのような状況だったのだろうか。本書のテーマである鉄道を中心とした交通インフラの状況を確認してみたい。

都市の規模をはかる指針として「人口」で見てみると、東京は戦時中に３００万人台まで激減したが、戦後は増加を続け１９５３（昭和28）年には明治以来歴代最高の７４０万人を突破、１９６２（昭和37）年には1千万人台へと入っていった。神武景気、岩戸景気、そしてオリンピック景気へと続く、高度経済成長期にあたり、日々変化していったのである。ちなみに現在（２０１９年12月）は１３９５万人となっている。

その変化の度合いを見てみると、復興による戦後の急成長は別として、昭和30年代は毎年30万人前後が増える勢いだった。つまり、東京という限られた地域に中規模クラスの地方都市が毎年誕生するような状況となっていたのである。この急成長期、東京周辺の都市的集積地域でみると、アメリカ合衆国のニューヨークを抜いて世界一のメガシティにもなっている。

●都市交通は路面電車から地下鉄へ

一方、こうした急成長ゆえに社会基盤の整備が追い付かず、特に交通インフラの力不足については重大な問題となっていた。

この時代の東京中心部の交通機関は、国電、路面電車、バス、トロリーバスが担い、地下鉄はごくわずかだった。輸送量でいえば国電が大半を占めていたが、路面電車（東京都電）の営業キロも約２００キロを超え、重要な交通機関となっていた。路面電車の活用は、東京だけでなく横浜、名古屋、京都、大阪、神戸といった、当時のいわゆる六大都市にも共通するシステムだった。

一方、地下鉄は１９５５（昭和30）年当時で銀座線全通14・3キロ、丸ノ内線池袋〜御茶ノ水間６・４キロの合計20・7キロにしか過ぎなかったのである。実は昭和20年代に私鉄各社がこぞって都心部への地下鉄建設を画策し免許の出願も続いていたが、急成長する東京の状況に対して都市計画そのものを抜本から見直さねば対応できないという判断もあ

1958年当時の都電・トロリーバス路線網

り、ペンディングになっていたのである。

こうした整備については１９５５（昭和30）年には運輸省内に「都市交通審議会」が設置され、まずは東京とその周辺から新たな都市交通の姿を模索する審議が始まった。

翌年8月に出された第一次答申では、東京を中心とした周辺地域の人口は約１３００万人に達し、20年後には約１８００万人に達すると予測されている。一方、都心15区は人口減少もあり、都心と郊外を結ぶ都市高速鉄道の役割が増すと分析された。

ここで国鉄・私鉄による既存の放射状路線に対して個々に交通需要を予測、これを元にすでに一部実施されていた戦災復興計画を修正しつつ、都内の地下鉄網整備案を出した。ここでは地下鉄の起終点ではそれぞれ国鉄・私鉄の郊外路線に接続し、相互直通運転もできるようにしたところが注目される。都心と郊外を結ぶ鉄道の有機的な活用アイディアだった。この計画はその後も数次にわたって修正が加えられているが、このときに今日の東京の地下鉄網の基本ができあがったのである。

この答申を踏まえ、現在の東京地下鉄（東京メトロ）の前身となる帝都高速度交通営団は、建設中だった丸ノ内線（答申では第4号線）を池袋～荻窪間で全通させると共に途中の中野坂上で分岐させて方南町に至る路線、さらには第2号線と計画された日比谷線の建

都市交通審議会第一次答申案（地下鉄網整備案）

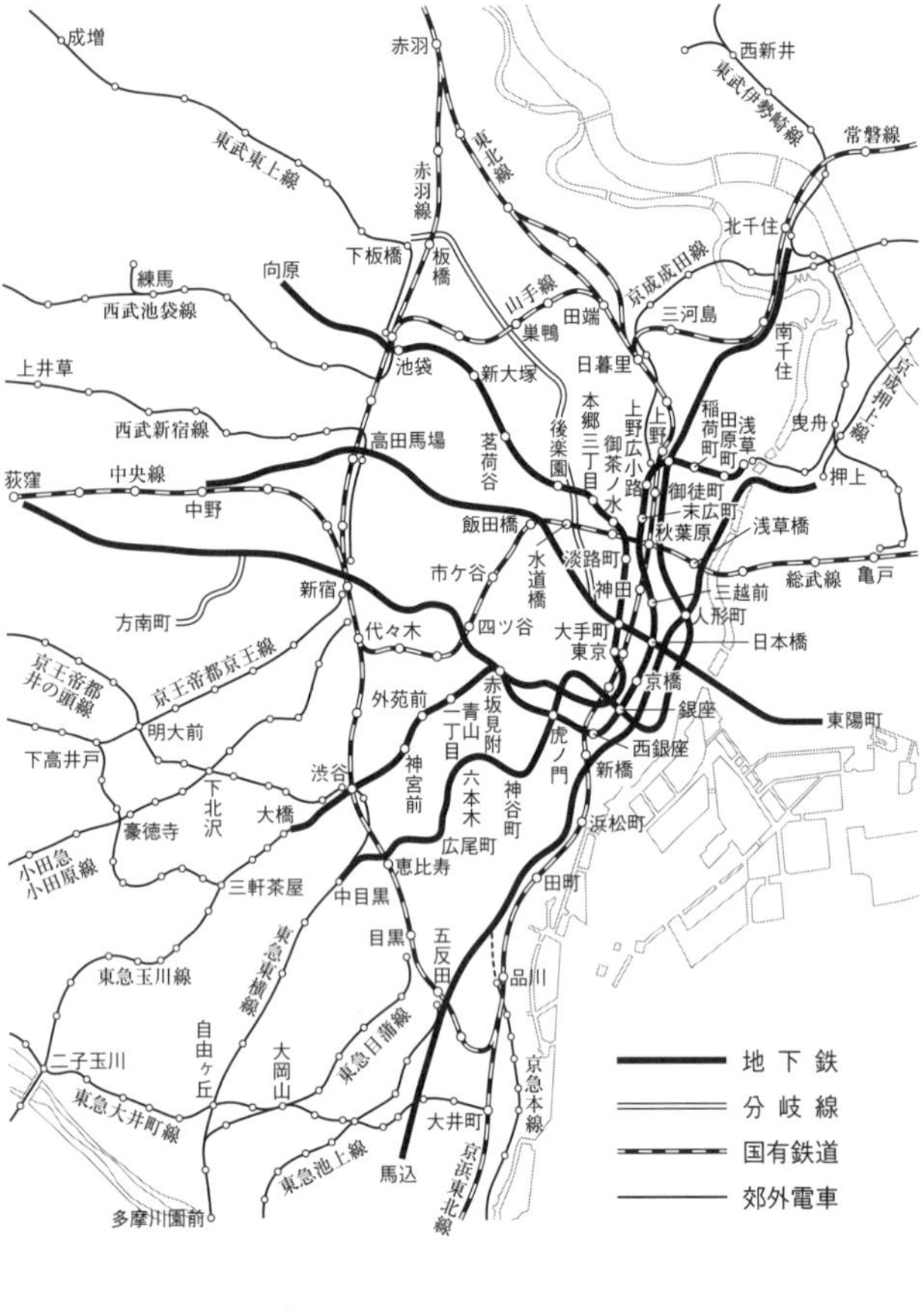

設に入ることになった。その後、数年の間をあけて第5号線とされた東西線の建設にも着工している。なお、すでに営業していた銀座線はこの計画で第３号線となっている。

また、第1号線は現在の都営浅草線などに相当するものだ。地下鉄の事業体はひとつにまとめる方が利用者にとっても便利とされたが、一方、ひとつの事業体に集中させると速やかな進捗が難しいという判断もあり、営団の持っていた路線免許が東京都と京浜急行電鉄に譲渡され、本線は東京都交通局が同局初の地下鉄として建設、さらに泉岳寺～品川間は京浜急行電鉄が建設することになった。

●オリンピック直前に全通した地下鉄日比谷線

地下鉄の建設工事は都内各地で並行して進められ、丸ノ内線は１９５６（昭和31）年３月に御茶ノ水～淡路町間を延伸開業、以後、東京、西銀座（銀座）、霞ケ関と徐々に延伸を重ね、１９５９（昭和34）年3月には池袋～新宿間が開通している。現在、丸ノ内線として運行されている新宿以西は、荻窪線として１９６１（昭和36）年２月に新宿～新中野間・中野坂上～中野富士見町間で開業、１９６２（昭和37）年１月に荻窪、３月に方南町まで開業、全通している。なお、１９７２（昭和47）年には荻窪線も丸ノ内線に組み込ま

東急東横線と接続する中目黒駅から地下区間に進入する日比谷線の3000系電車。1964年7月

れ、現在のような統一呼称となっている。

　日比谷線は、１９６１（昭和36）年３月に南千住～仲御徒町《なかおかちまち》間で営業運転を開始した。翌年５月には北千住～南千住間・仲御徒町～人形町間を開業、東武伊勢崎線との相互直通運転も開始している。その後、１９６３（昭和38）年２月に東銀座まで延伸、オリンピック開催となる１９６４（昭和39）年３月に霞ケ関～恵比寿間、７月に恵比寿～中目黒間が次々と開業した。

　ここで残ったのは東銀座～霞ケ関間だった。営業キロにして１・９キロというわずかな区間ではあったが、この間に設置される銀座駅および日比谷駅で他路線と交差するため、地下３階という大規模な構造になった。さらに周辺の地盤は沿線で有数の軟弱地帯でもあり、ここでは特殊な潜函工法なども活用されている。このような事情から工事が難航した上、オリンピック関連工事の影響で人手や資材も不足した。実はオリンピックに間に合わせた開業が危ぶまれる事態にも陥っていたのだ。最終的に晴海通りを夜間全面通行止めにするなど異例の処置を受け、オリンピック開幕まで１カ月余りとなった８月29日に東銀座〜霞ケ関間が開業して全線開通、同日から東急東横線との相互直通運転も開始している。

東西線は、１９６２（昭和37）年に着工となったが、ここでもオリンピック関連工事の影響で作業が渋滞した。特に沿線にある早稲田大学記念会堂がオリンピック会場となったことから開催期間中は工事中断となった。結局、最初に開通した高田馬場〜九段下間はオリンピック終了から２カ月後の開業となった。ちなみに中野〜西船橋間の全線開通は１９６９（昭和44）年３月である。

都営浅草線は、都営１号線の名称で、１９６０（昭和35）年12月に押上《おしあげ》〜浅草橋間で開業した。この時、京成電鉄との相互直通運転も開始しているが、これは日本の地下鉄が郊外鉄道と初めて行なう直通運転でもあった。以後、浅草橋から東日本橋、人形町、東銀座、新橋と延伸、オリンピック直前の１９６４（昭和39）年10月１日に新橋〜大門間も開業している。ただし、これはオリンピック開催に間に合わせた暫定単線開業で、多くの電車は

池袋駅前～千駄ヶ谷四丁目間で運行を開始した都営トロリーバス。1955年6月1日

新橋駅折り返しで運転されている。

その後、１９６８（昭和43）年6月に同区間を複線化させると共に大門～泉岳寺間を開通、同時に京浜急行電鉄も泉岳寺～品川間を完成させ、京急との相互直通運転も始めている。なお、同年11月には泉岳寺～西馬込間も開業、全線開通となった。

●道路上空間を活用して高速道路を建設

都市交通審議会で新たに建設する路線を地下鉄としたのは、路面交通が限界に来ていたことを受けた対策でもあった。先述のように都内の路上では営業キロで約２００キロにおよぶ都電が走っており、さらにバスやトロリーバスも運行していた。また、自動車も走っている。１９

都電と乗客で賑わう銀座四丁目の停留所。オリンピック以降も多くの路線が健在だった。1967年12月

６４（昭和39）年当時、東京の自動車保有台数は１０９万台となっていた。国内の自動車台数は、戦後20万台、１９５５（昭和30）年に１５０万台、そして１９６４（昭和39）年には６９９万台となっている。東京の自動車数もこれに近いスピード、あるいはそれを上まわるスピードで増加してきたものと想像される。こうした交通量をまかなうには通行路を増やさねばならない。かくして地下や道路上の空間を有効活用する手段として地下鉄建設に進んだのである。また、道路上空間の活用は主に首都高速道路として実現することになる。

また、路面交通の改革の際、渋滞など悪影響を及ぼす元凶とされたのは路面電車だった。当初、東京では路面電車の運行を確保するため、軌道敷内に自動車を乗り入れさせない手法がとられていた。しかし、自動車にとってはその分幅員が狭くなり通行量も制約される。その対策として1959（昭和34）年から軌道敷内の自動車乗り入れも認められるようになった。軌道によって走行レーンの変更が効かない路面電車にとって、この措置は致命的で、慢性的な遅延から乗客減へと進んでいったのだ。

結果として都電は全廃に向かって動き出すが、廃止が本格化するのは1967（昭和42）年に「地方公営企業法」に基づく財政再建計画が認められてからだ。オリンピック以前の廃止は、オリンピックにともなう道路整備の障害となった北青山一丁目〜三宅坂間・半蔵門〜九段上間、さらに地下鉄丸ノ内線開業で競合した杉並線だけだった。オリンピック開催時、都電は都内交通機関のひとつとして重責を担っていたのである。

●複々線は御茶ノ水〜中野間だけだった

こうして地下鉄整備の進んでいた時代、首都圏交通機関の動脈ともいえる国鉄はどうなっていたのだろうか。

1949（昭和24）年6月1日に新たな公共企業体「日本国有鉄道」として体制を整え、

戦災復旧を進めていたが、根本的な設備の増強・改善には程遠く、その運行には厳しいものがあった。そこで１９５７（昭和32）年度から第１次５カ年計画として、老朽施設・車両の更新、増大する輸送需要に対応する輸送力増強、動力・設備の近代化を行なった。

例えば電化状況で見ると、幹線は前年に東海道本線で全線電化が完成していたものの、大半の幹線は非電化だった。つまり国鉄線の多くは蒸気機関車が客車や貨車を牽いて走る状態だった。都心でも蒸気機関車が使われており、東京駅ですら１９６１（昭和36）年までＣ62形牽引の常磐線列車が発着していた。さらに上野駅や両国駅では昭和40年代まで千葉方面列車にＣ57形などが使われていた。

ちなみに１９５７（昭和32）年度の国鉄蒸気機関車の両数は４７００余両を数え、さらに改造ではあったが、新型蒸気機関車の導入も続いていたのである。そこで東北本線大宮以遠・常磐線取手以遠・北陸本線・山陽本線西明石以遠・鹿児島本線で電化を推進して無煙化することになった。また、非電化区間の無煙化も進めるべく、ディーゼル機関車や気動車の開発導入も行なわれた。

また、東京・大阪などの大都市では、人口増加による通勤需要が急増、その混雑緩和をはかるべく施設の増強と電車の増備が行なわれている。

1961年当時の東京周辺国鉄路線図

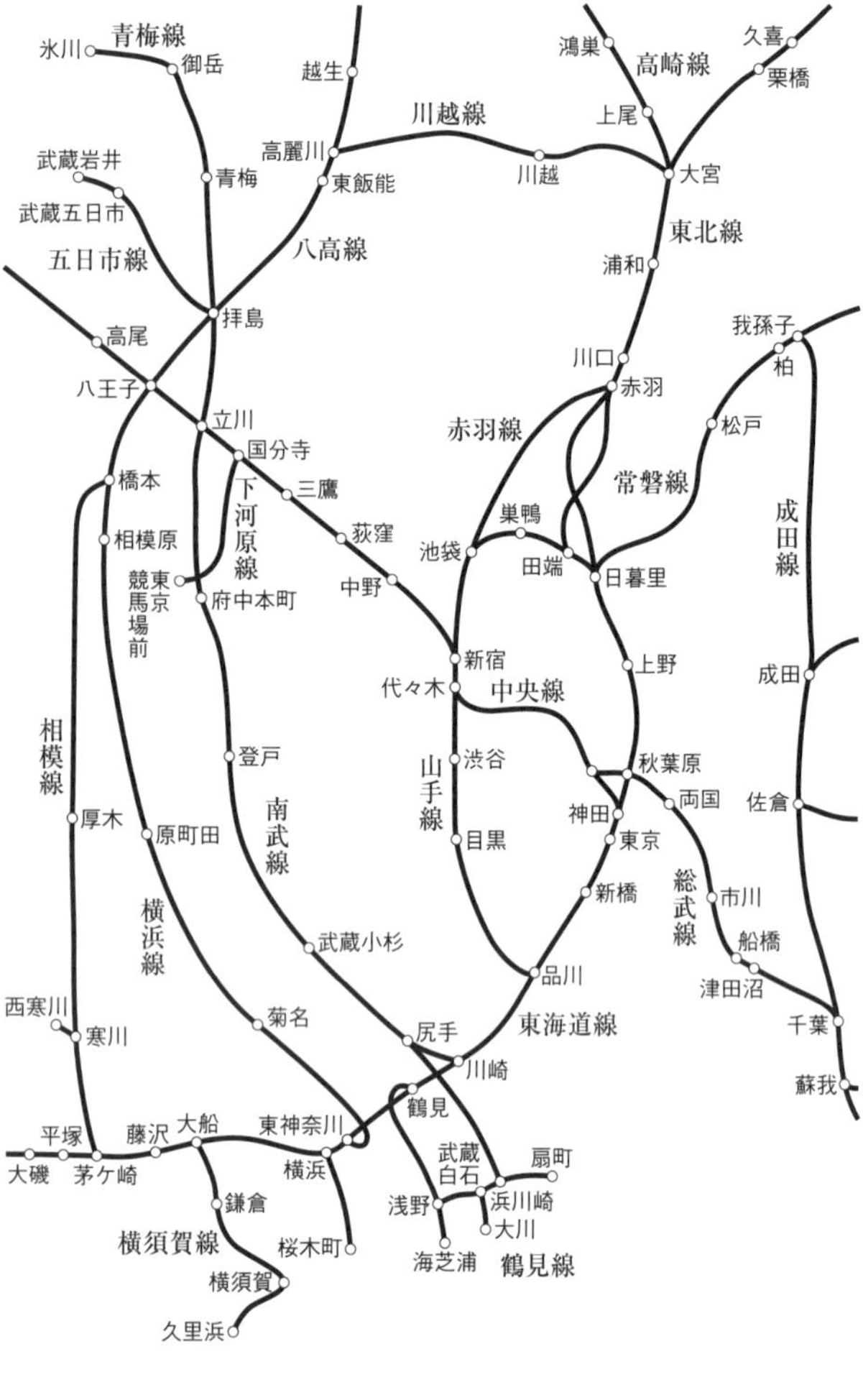

四ツ谷駅付近を走る中央線の101系電車。1962年9月

東京の場合、路線網としては山手線・京浜東北線・中央線・総武線・常磐線など今日に近い姿になっているが、運行形態はかなり違う。例えば、根岸線は横浜～桜木町間となっていたため、京浜東北線は桜木町～大宮間を往復していた。また、今日の中央線・総武線・常磐線などに見られる複々線区間もごくわずかで、別路線の並列を除くと御茶ノ水～中野間や山手貨物線など一部だけだった。総武線では日中に限り御茶ノ水駅から直通、中野駅折り返しという運転が行なわれていた。

●中央線に１０１系、山手線には１０３系

当時の車両は、戦時設計のモハ63形を改造あるいはそれに準じて新製した通称72系が主力となっていたが、１９５７（昭和32）年に新たな通勤形電車と

東京駅に進入する山手線103系電車の試運転列車。1963年11月

して90系が開発され、翌年から量産された。この車両は1959（昭和34）年の称号規程改正で101系と変更され、国鉄の新性能標準通勤形電車の元祖となる車両だ。これは中央線から導入され、1960（昭和35）年までに101系化が完了した。ちなみに中央線ではこの時代から10両編成で運転されている。

その後、101系は山手線などにも導入されていくが、山手線の運転には不向きだったため、こちらは1963（昭和38）年に103系が開発され、101系の導入は一部に留まった。なお、当時の山手線は8両という編成だった。

全線電化が完成した東海道本線では、客車列車から電車列車への変更も進められており、1950（昭和25）年に80系が開発され、東京～沼津間で運転を開始した。さらに１９５８（昭和33）年には１０１系で得た技術を活用した特急形の１５１系（当初は20系）、急行形（準急形とも）の１５３系（当初は91系）も誕生、東京〜大阪・神戸間などで電車特急や電車準急、そして電車急行の運転も始まっている。さらに東海道本線の輸送力増強という視点で新幹線の建設が始まったのもこの時代だ。

また、戦前に電化されていた横須賀線では１９５１（昭和26）年から70系が使われるようになった。80系は２扉クロスシートだが、70系は３扉セミクロスシートで、近距離輸送に適した内装となっていた。この近距離向けに１０１系の技術を活用したのが１１１系で、これは１９６２（昭和37）年に登場している。

有楽町駅付近を走る横須賀線の70系電車。当時はまだ、東海道本線との分離運転は行なわれていなかった。1958年８月

こうして国鉄の第１次５カ年計画は進められ、老朽資産の更新は一定の成果を見たが、輸送力増強は需要増加に辛うじて追

従できたぐらいで改善には至らなかった。１９６０（昭和35）年当時、定員に対する乗車人員数は、総武線３１２％・東北本線３０７％・中央線快速２７９％といった状況だった。さらにこの時代の通勤電車に冷房はなく、夏季の車内状況は想像を絶するもので、国電をもじって「酷電」とすら呼ばれていた。ちなみに通勤電車への冷房導入は、国鉄・私鉄を通じてオリンピック後の昭和40年代になってようやく始まったのだ。

結局、国鉄の計画規模が過小だったと見直しが迫られ、１９６１（昭和36）年から第２次５カ年計画に入った。ここでは東海道本線の輸送力増強に効果的な東海道新幹線の建設を進めるほか、東北本線・北陸本線・上越線・中央本線・鹿児島本線など約１１００キロを複線化、東北本線・常磐線・信越本線・北陸本線・中央本線・山陽本線・鹿児島本線など約１８００キロを電化、東京・大阪周辺には約１０００両の電車を新製投入して輸送量増加に対処するといったもので、さらに各方面の合理化を進めるというものだった。

この第２次５カ年計画は、「よん・さん・とお」と呼ばれる１９６８（昭和43）年10月ダイヤ改正などとして成果を上げるが、首都圏の通勤輸送ではイタチゴッコの状態が続いていく。これはオリンピック後の１９６５（昭和40）年度を初年度とする第３次長期計画に組み込まれた「五方面作戦」で東海道本線東京〜小田原間・中央本線中野〜三鷹間・東

玉川通り（国道246号）を走る東急玉川線の路面電車。1969年4月30日
撮影：筆者

北本線赤羽～大宮間・常磐線綾瀬～取手間・総武本線東京～千葉間の複々線化が完了、相応の成果を上げることになるが、その完成まで10余年の歳月を費やしている。

また、首都圏では山手線の駅などをターミナルとする私鉄が放射状に延びているが、これも現在とは異なる状況だった。

支線を別としてほぼ複線化されていたが、複々線は存在しなかった。関東私鉄初の複々線は１９７４（昭和49）年に完成した東武鉄道の北千住～竹ノ塚間だった。

大半の線路は地上に敷設され、道路との交差は踏切が当たり前だった。さらに京王帝都電鉄（現・京王電鉄）の京王線は新宿～初台間で甲州街道を路面電車のような状態で運行していた。１９５３（昭和

28）年に大半は道路中央に専用軌道化されていたが、地上にあった新宿駅への出入りなどは道路上を走っていたのである。これは1963（昭和38）年、新宿駅地下化に合わせてこの区間も地下化されている。

また、現在、田園都市線として運転されている東急電鉄の渋谷～二子玉川間は、玉川線と呼ばれる路面電車にて運行されていた。一部に専用軌道もあったが、大半は玉川通りを自動車と共に走っていたのである。都電同様、道路交通の障害と判断され、1969（昭和44）年に廃止されている。この時、支線となっていた砧《きぬた》線も共に廃止されたが、三軒茶屋～下高井戸間は存続となり、現在の世田谷線になっている。

東海道新幹線の開業

●開催決定の1カ月前に起工した東海道新幹線

オリンピックと関連のある鉄道というと、多くの人が東京オリンピック開幕直前に開業した東海道新幹線を思い浮かべるであろう。実際、東海道新幹線は1964（昭和39）年

10月１日に東京～新大阪間で開業、それから半月も経たない10月10日に東京オリンピックが開会した。そしてオリンピック期間中、国内外の多くの人が利用し、その様子は大きく報道されている。双方にとって大きな相乗効果となったことは事実だろう。

しかし、新幹線建設への判断がなされたとき、当時の国鉄や政府にオリンピックに向けた鉄道という意識はなかったと思われる。少なくとも『日本国有鉄道百年史』各巻に記された文脈からはオリンピックとの関連性は見えてこない。

一方、国鉄からＪＲ東海で新幹線と関わってきた須田寬氏は『東海道新幹線』などの著書で「東京オリンピックが昭和39年10月に予定されていたので、それに間に合うよう、５年前の昭和34年４月20日に起工した」と紹介している。実はこうした紹介はほかでも見かけることがある。

実際には東京オリンピックの開催正式決定は、１９５９（昭和34）年５月26日に西ドイツのミュンヘンで開催された第55次ＩＯＣ総会による投票結果であり、時間的には新幹線起工式のほうが１カ月ほど早い。もっとも、前年５月13日から日本で開催された第54次ＩＯＣ総会で東京が開催候補地のひとつとして正式に認められ、その後も熱心な招致運動を展開していたことから、世の中ではオリンピック開催に向けた期待が大きくなっていたことは事実だ。新幹線の着工そのものは1958（昭和33）年12月19日に閣議決定されている。「つくるのであれば、オリンピックに間に合わせよう」といった機運が生じたことも想像に難くない。

●政治論争ともなった広軌新線の建設

東海道新幹線建設に向けた論議は古くからあった。

新幹線の定義のひとつを広軌鉄道とすれば、すでに明治期に広軌化の声が上がっている。日本の鉄道は1872（明治5）年の創業時、新橋〜横浜間で1067ミリ軌間を採用したことから、世界的には狭軌となるこの軌間を標準として路線網を延ばしてきた。ただし、明治政府の財政問題などもあって、国鉄（官設鉄道）は東海道本線などごく一部で、多くは私鉄（私設鉄道）として建設・運営されていた。

しかし、1894（明治27）年から翌年にかけて発生した日清戦争あたりから、鉄道の輸送力増強が大きな課題となった。帝国議会では私鉄の国有化が論議される一方、広軌にすれば輸送力が向上するという考え方も提案され、政府も調査検討を始めている。この結論が出ぬまま、1904（明治37）年から翌年にかけて日露戦争が発生。輸送力増強を早期実現するため、手法は国有化による国内鉄道のネットワーク整備という方向に進み、改軌論は保留となった。

明治晩年、鉄道院の初代総裁となった後藤新平が改軌論を支持していたことから、政府による改軌の調査検討が再び始まった。大正時代に入ると、改軌の問題は当時の二大政党の政友会と民政党の政治論争へと発展していく。政友会は「建主改従」として新線建設を主張、それに対して民政党は「改主建従」して改軌などの鉄道改良を主張したのだ。

紆余曲折もあったが、１９１７（大正６）年には現在のＪＲ横浜線に３線および４線軌条を敷設、広軌車両も準備して試験を実施、国内主要幹線の広軌化計画もつくられた。

しかし、その後の政治的動向があり、２年後には改軌せず狭軌のまま新線建設などの輸送力増強を行なう方針が確定、改軌に向けた動きは収束してしまった。

この時代、安田善次郎など財界人によって国鉄とは別に東京～大阪間に１４３５ミリの広軌鉄道をつくり、ここに電車を走らせる計画も立ち上がっている。実際に鉄道建設の請願もなされているが、鉄道国有化の直後で「幹線鉄道は国鉄」という基本政策があったため、認められることなく立ち消えた。

●戦前に着工されていた新丹那トンネル

こうした論議が繰り返されていたなか、並行して輸送力増強の作業も進められていた。これは各地で行なわれており、東海道本線も数カ所で実施されている。

東海道本線でこの時代の最大の工事となったのは、国府津〜沼津間の改良だった。開業時からこの時代まで、東海道本線は現在の御殿場線となっているルートで運行されていたが、ここは25パーミルの急勾配が連続する難所だったのである。改良案として現行の熱海ルートの建設が始まるが、ここには7804メートルと当時有数の長大トンネルを掘らねばならなかった。

丹那トンネルは1918（大正7）年に着工、16年の歳月をかけて貫通、熱海ルートは1934（昭和9）年12月1日に開通した。これにより連続急勾配区間のひとつが解消され、さらに距離も12キロ近く短縮となり、東海道本線は大きく改善されたのだ。しかし、時代の要求はさらにその先へと進んでいた。

実は1937（昭和12）年に起こった日中戦争あたりから輸送需要が急増した。大陸諸国との交流や物流が深まり、東海道本線はもちろんのこと、その先の山陽本線も以前にも増して輸送量が増えていったのである。

もはや従来設備の改良では追い付かず、抜本的な輸送力改革が必要と判断され、広軌新線を建設するアイディアが出された。ここで広軌としたのは輸送力が増すだけでなく、運転速度の高速化にも効果的と判断されたのだ。いわゆる「弾丸列車」計画である。

計画の概要は、東京～大阪～下関間の約９８０キロを結ぶ、１４３５ミリ軌間の広軌新線を建設するものだった。運転速度は時速１５０キロ、最高時速２００キロも可能とすべく、その規格は最急勾配10パーミル以下、曲線半径は２５００メートル以上、軌条は60キロレールを使うなど定められている。全線を電化する案もあったが、戦時に向けた国防上の理由から東京～大阪間は電化、その先は蒸気機関車による運転とされた。これにより東京～大阪間は約４時間、大阪～下関間は約５時間で結べるというものだった。

需要が逼迫していたこともあり、早くも１９４０（昭和15）年３月の帝国議会で予算が成立、同年９月に工事も確定した。工期は15カ年と計画とされ、翌年８月から新丹那トンネルなどで着工している。

しかし、１９４１（昭和16）年12月に太平洋戦争が始まると資材や労力が不足、社会情勢も「弾丸列車」建設どころではなくなってしまう。かくして新丹那トンネルは１９４３（昭和18）年１月に工事中断となってしまった。ただし、日本坂トンネル・新東山トンネルは東海道本線（在来線）の改良に転用できるという判断で工事継続となり、共に翌年完成している。

なお、終戦直後、この「弾丸列車」計画を引き継ぎ、東京～大阪～福岡間に１４３５ミリ軌間の広軌新線を建設する動きもあった。これは東京急行電鉄などで活躍した鉄道事業家・五島慶太らが提案したものだった。しかし、国鉄の戦災復旧が遅々として進まなかった時期でもあり、運輸省の許可は下りなかった。また、当時のマスコミも〝夢物語〟として積極的な応援には至らなかったようだ。

●全輸送量の４分の１を担っていた東海道本線

戦後10年ほど、１９５４（昭和29）年に始まった「神武景気」あたりから日本は高度経済成長期に入り、国内の輸送需要が急増していく。

この時代、まだ自動車の保有台数は少なく、道路の整備も遅れていた。東名・名神などの高速道路はなく、幹線となる国道１号線なども今日のレベルで整えられていたわけではない。また、航空路もＧＨＱによる戦後政策で制限され、ようやく１９５１（昭和26）年に羽田～伊丹～板付（福岡）間の運航が始まったばかりだった。当時の日本で鉄道の果た

1958年に運転を開始した電車特急「こだま」

す役割は極めて大きかったのである。

　日本の大動脈となる東海道本線の場合、地域的な特性から特に需要が高かった。１９５５（昭和30）年ごろの国鉄の分析によると、東海道本線の沿線地域は国土の約16パーセントだが、人口は約43パーセントが集中している。さらに沿線には太平洋ベルト地帯の一翼をなす工業地帯が続き、工業生産高では全国の約70パーセントを占めるに至っていた。

　この結果、東海道本線の営業キロは本線だけで約５９０キロ、当時の国鉄営業キロの約３パーセントにすぎなかったが、輸送量は旅客が全国の約25パーセント、貨物は約24パーセントになっていた。

　こうした状況に対し、東海道本線では輸送力増強をはかるべく、1956（昭和31）年11月に全線電化を完成させ、さらに線路強化・有効長延伸・待避線増強・操車場の拡張など改良工事を進めた。複線鉄道の場合、片道200本が限界に近いと考えられているが、東海道本線は全線電化完成後の1957（昭和32）年で東京〜新橋間が片道210本を超え、他の区間も逼迫していた。さらに需要の伸びは全国鉄のなかでも一頭地抜ける状況だった。1958（昭和33）年からは新たに電車特急「こだま」も走るようになるが、早晩、限界を超える破綻が予測されたのだ。

●示された東京〜大阪間3時間の可能性

国鉄では全線電化完成前の1956（昭和31）年5月に「東海道線増強調査会」を立ち上げた。輸送力増強に対しては以前からさまざまな対策案が出されていたが、同会では①広軌別線建設案、②狭軌別線建設案、③狭軌複々線化案に絞り、それらを比較検討していった。いずれにせよ巨額の資金を必要とする国家的事業となり、さらに政府で東名高速道路などの全国主要幹線道路建設計画の検討が始まっていたこともあり、国鉄では結論を出さずに、当時の十河《そごう》信二国鉄総裁は、

・東海道本線は複線鉄道として極限の輸送を行なっており、全線複々線化の必要がある。

・複々線化は、もう１本別の複線鉄道をつくる、あるいは新たに広軌の複線鉄道をつくる方法がある。
・東海道本線の複々線化は、広く国家的視点から決定されるべき問題と考えるので、政府の適切なご配慮を願いたい。

と運輸大臣に要請しつつ、翌年に同会の審議を終えた。

実際のところ、国鉄部内でも①案は「弾丸列車」計画の踏襲とする否定的意見があり、②案または③案は竣工した区間から順次活用でき、混雑のひどい区間から着工するなど融通が利くといった意見が有力だったとされている。

こうした審議と要請が行なわれていた１９５７（昭和32）年５月30日、国鉄の総合技術研究所創立50周年を記念した公開講演会が東京銀座のヤマハホールで開催された。これは技術講演会だったが、「超特急、東京〜大阪３時間の可能性」という演題で東京〜大阪間広軌新幹線の可能性も披露された。当時、フランス国鉄で最高時速３３１キロの世界記録を持っていたが、常用速度としては時速１６０キロ程度が最高と考えられていた。この講演会では時速２００キロ超の技術的可能性が豊富なデータで裏付けされた。さらに線路・信号・保安設備を新しい技術で建設すれば、道路とは立体交差となり、当時から問題になっていた踏切も解消すると紹介された。

この講演会の影響は大きく、十河国鉄総裁の要請もあったことから同年8月には運輸省に「日本国有鉄道幹線調査会」が設けられ、国のレベルでの検討が始まった。また、その直前の7月29日には国鉄本社内に「幹線調査室」が設置され、東海道新幹線の調査・測量・設計などを担当する組織ができあがった。

調査会は1958（昭和33）年7月7日、「東海道新規格路線の必要性」「新規格線のあるべき形態」「新規格線の所要資金・工事推進および運営」からなる答申を出した。調査会に並行して交通関係閣僚協議会でも「東京・大阪間陸上輸送体系の整備」が検討され、同年12月19日に閣議決定、ここで東海道新幹線の建設が正式に決まったのである。

なお、国鉄の幹線調査室には同年4月に幹線調査所が設置され、調査測量も始まった。同年8月には幹線調査事務所として格上げされ、全線の航空測量を実施した。建設線の航空測量をここまで大規模にやるのは初めてのことだったが、これにより作業は極めてスムーズに進み、半年余りで2500分の1地形図を全線で揃えている。

こうして準備が進められ、1959（昭和34）年4月13日には建設工事が認可された。実施にあたって4月18日付で国鉄本社に「幹線局」、さらに地方機関として「東京幹線工事局」が設けられ、東海道新幹線は調査から工事へと段階が進んだ。その後、工事の進捗に合わせて工事局は静岡、名古屋、大阪にも設置されている。

東海道新幹線の実際の建設は、戦前の「弾丸列車」計画で中断していた新丹那トンネル工事を継続するかたちで始まり、同年4月20日に熱海寄りの東口で起工式が行なわれた。

そしてそれから1カ月余り過ぎた5月26日、第18回オリンピック競技大会の開催地が東京に正式決定した。開催は1964（昭和39）年10月。東海道新幹線をそれまでに開業させるべく、作業は急ピッチで進んでいくのである。

●急ピッチで進んだ東海道新幹線の建設

東海道新幹線は、現在もJR東海の路線として運行を続けているが、建設当時の概要はどのようなものだったのだろうか。

その設計にあたり、新幹線は極力直線となるコースでルート設定し、各駅は在来線に併設して乗り換えの便をはかることになった。

起点となる東京では、ターミナルの位置決定で論議を呼んだ。東京では都市計画的見地からも検討すべきという主張もあり、新宿、市ケ谷、皇居前なども候補に挙がった。最終

東京〜有楽町間で建設工事中の東海道新幹線。1963年9月

的に在来線との乗り換えの便などが考えられ、現在の東京駅八重洲側に決まった。

また、横浜付近では内陸部を通過することになり、ここでは横浜線との交差部に新横浜として駅を新設することになった。

さらに終点となる大阪では、山陽方面への延長という将来的な構想が重要視された。その結果、淀川の北側と決まり、東海道本線との交差部に新大阪駅をつくることになった。これを大阪駅併設とすると淀川に2本の橋梁を架けなければならず、その省略も大きなメリットとなったのである。

こうして新幹線の駅は、東京・新横浜・小田原・熱海・静岡・浜松・豊橋・名古屋・米原・京都・新大阪と決まった。

このとき、岐阜県から新幹線駅設置の強い要望が出される。実は名古屋〜米原間は最短コースということで岐阜県南部の濃尾平野を通過するかたちになっていたのだ。国鉄は地質や地形なども勘案のうえ、ルートを当初計画より東北に移し、岐阜羽島駅を設置することになった。こうした経緯から岐阜羽島駅は他駅の確定より１年ほど遅れて決定している。

また、三島は当初保守基地となっており、駅は設置されていない。新幹線開業後に車両基地へ拡張されているが、その計画と共に駅設置の要望が出され、１９６９（昭和44）年４月に追加設置されている。ちなみに新富士・掛川・三河安城駅は国鉄からＪＲ東海に移管されたのちの１９８８（昭和63）年３月の設置だ。

こうした岐阜羽島駅設置にともなうルート変更もあり、結果的に東海道新幹線は東京〜新大阪間約５１５キロとなり、在来線より40キロほど短くなった。

線路用地は、戦前の「弾丸列車」計画で取得していた約95キロを転用、さらにトンネルなど買収を必要としない区間が約95キロあり、新たに買収しなければならない区間は約３２５キロとなった。関係する地主・借地人・借家人などは５万人にもおよび、この交渉が新幹線建設の大きな鍵となったのだ。

『日本国有鉄道百年史』によると「短期完成をめざす工事工程からできるだけ短期間に

用地買収を終了する」として、用地担当者以外の職員も動員して夜討ち朝駆けの交渉を進めたことが記されている。

この「短期間」という言葉には、国鉄として逼迫していた東海道本線を守るという意思を感じられるが、すでに東京オリンピックの1964（昭和39）年10月開催が決まっており、それを見越した内外の重圧もあったに違いない。

●高速運転への適性から交流方式を採用

東海道新幹線の線路については、明治以来の懸案だった広軌とすべく、1435ミリ軌間が採用された。これはヤード・ポンド法でも4フィート8・5インチとやや半端な数値となるが、欧米諸国をはじめ世界の鉄道路線の半分以上が採用する、いわゆる「標準軌」となっているものだ。国内では京浜急行電鉄、近畿日本鉄道、京阪神急行電鉄（現・阪急電鉄）、阪神電気鉄道などが戦前から起用しており、「弾丸列車」もこの軌間で計画設計されている。

曲線半径は高速運転をめざすため、最小2500メートルとしている。これも「弾丸列車」で計画された数値だが、東海道本線は最小400メートルのため、かなり緩やかな曲線となった。ただし、用地の制約で２５００メートルよりきつい曲線も出てしまったが、その区間は速度制限で対処されている。

勾配は、東海道本線で最急10パーミルを基本としていたが、新幹線では15パーミルとなった。実は鉄道は列車動力の設置方式で勾配走行の特性が異なるのだ。機関車牽引の客車列車あるいは貨物列車といった動力集中方式は勾配に弱く、電車や気動車のような動力分散方式の列車は比較的強い。これは自動車の駆動方式で片軸駆動（ＦＦやＦＲなど）より全軸駆動（４ＷＤ）のほうが登坂力に強いのと同じ理屈だ。

新幹線は電車による動力分散方式を採用しているため、登坂性能が優れ、このメリットを活かして、より良い線形を、より低コストで実現しようとしたのである。

また、軌間が広く、曲線半径も大きくされたことから、車両限界の設定にも余裕ができた。在来線は高さ４３００ミリ×幅３０００ミリを基本としているが、新幹線は高さ４４５０ミリ、幅３４００ミリとされ、１両あたりの長さも在来線20メートルから新幹線25メートルを基本として設計されている。これにより１両あたりの輸送力も大きく増えることになった。

なお、電力方式は東海道本線の直流１５００ボルトに対して、新幹線では交流２万

5000ボルトが採用された。

この時代の電気車両の電動装置は、直流直巻電動機が使われていた。この電動機は回転数が低くなると大きな力を出し、逆に負荷が減ると回転数が速くなるといった特性があり、鉄道車両に適していたのだ。新幹線の建設が始まった時代、国鉄では交流車両の開発研究が行なわれ、すでに一部で実用化もされていたが、実は直流直巻電動機の優れた特性から、交流車両であっても車内で直流に整流してこれを使っていたのだ。

一方、直流直巻電動機の使用電圧は1500ボルトぐらいが適正だったが、必要な電力を供給するためには架線と集電装置（パンタグラフなど）の接触面積を広く取らねばならない。結果として車両の出力を上げるためには、パンタグラフは大きく、そして重くなり、架線も太くせざるを得なかった。

交流電化方式の場合、車両に変圧器や整流器を搭載しなければならないが、架線電圧を上げることで集電電流を下げることが可能で、これによりパンタグラフを小型化、あるいは数を減らすこともできた。この特性が新幹線のめざす高速運転に適していると判断されたのである。さらに変電所の間隔も直流電化方式より広げることが可能で、地上設備はその分、廉価になる。

交流では周波数も問題になる。日本の電源周波数は富士川を境にして東が50ヘルツ、西が60ヘルツとなっており、これは家庭用のみならず鉄道用も同じだ。ここで車両を両周波数に対応したものとすると周波数変換装置の分、重量が増してしまう。結局、新幹線では距離の長い60ヘルツに統一、50ヘルツ区間は変電所で60ヘルツに周波数の変換を行なって供給することになった。

のちに開通する東北・上越・北海道新幹線は50ヘルツ、山陽・九州新幹線は60ヘルツを採用、さらに両区間を行き来する北陸新幹線（長野新幹線）は両ヘルツ対応車両にて運行されている。

●モデル線で時速200キロを達成

東海道新幹線の建設工事は、先述のように新丹那トンネルから始められたが、車両の開発と軌道構造・架線構造と集電性能・ＡＴＣ性能などについては実物による試験も必要とされ、神奈川県下の綾瀬～小田原間約32キロをモデル線として工事が急がれた。

モデル線は先行して完成した大磯～鴨宮間約11キロで１９６２（昭和37）年６月から試験走行が始まり、工事の進捗に従って高速走行試験も行なわれるようになった。同年10月

モデル線の鴨宮基地に停車中の新幹線試作車両。1962年10月

27日に時速200キロを達成、翌年3月30日には時速256キロも記録している。

このモデル線では、一般の試乗も行なわれ、その数は外国人も含め約15万人ともされている。当時「夢の超特急」と呼ばれていた新幹線が、現実のものとして広くPRされたのだ。東京オリンピックを目前に控え、新幹線と共に世界中の注目が集まっていった。

建設工事は全線急ピッチで進められ、1964(昭和39)年7月1日に神奈川県下の川崎市で最後のレール締結が完了、東京～新大阪間の線路がつながった。

東海道新幹線建設工事の難関のひとつと考えられ、最初に着工した新丹那トンネルは4年少々で貫通している。東海道本線用として掘削した丹那トンネルの経験から地質・湧水量などの見当がついており、さらに掘削技術の進歩などもあったとされているが、前のトンネルが16年もかかったことを考えると、驚異的なスピードである。

レール締結後、軌道・架線・信号などの全体的な整備が進められ、同年７月25日には全線試運転が行なわれた。その後、東京総合指令所も完成、ＡＴＣやＣＴＣなどを使用した本格的な試運転に入っている。最初の全線試運転は東京～新大阪間を約10時間かけて走行したが、本格的な試運転と共に徐々に速度をあげ、８月24日には５時間運転を達成、翌日には開業時の「ひかり」で予定されていた４時間運転にも成功した。以後、10月１日の開業をめざして運転士の熟練も兼ねた本格的な慣らし運転へと入っていった。

●開業当時は12両編成での運転だった

東海道新幹線の建設と並行して輸送計画も練られていった。

これは１９５６（昭和31）年度の輸送実績を元に輸送量の増加率を推定して算出している。当初は新幹線による貨物輸送も想定していたため、これも計算に含まれていた。

新幹線開業後の需要振り分けだが、「新幹線通勤」など及びもつかない時代ゆえ、定期

東海道旅客・貨物輸送量の推定

年度	定期旅客		定期外旅客		合計旅客		貨物	
	輸送人キロ	増加率	輸送人キロ	増加率	輸送人キロ	増加率	輸送トンキロ	増加率
1956年度	5,144	100	11,146	100	16,290	100	10,714	100
1964年度	6,219	121	16,139	145	22,358	137	15,964	149
1970年度	7,024	137	20,706	186	27,730	170	19,928	186
1975年度	7,379	143	24,535	200	31,915	196	23,335	218

＊輸送人キロ単位＝百万人キロ、輸送トンキロ単位＝百万トンキロ

新幹線開業後の旅客・貨物輸送量の振り分け推定

年度	在来線			新幹線	合計	在来線貨物	新幹線貨物	合計
	定期旅客	定期外旅客	合計旅客					
1956年度	5,144	11,146	16,290	-	16,290	10,714	−	10,714
1964年度	6,219	4,010	10,229	13,368	23,597	14,263	1,580	15,843
1970年度	7,024	4,380	11,404	18,032	29,436	16,090	2,830	18,920
1975年度	7,379	5,084	12,463	21,197	33,660	21,970	5,069	27,039

＊輸送人キロ単位＝百万人キロ、輸送トンキロ単位＝百万トンキロ

旅客はすべて在来線に残るものとされた。定期外旅客については73・5パーセントが新幹線に移行、26・5パーセントが在来線に残るとされた。これは1957（昭和32）年に実施された新幹線停車予定駅間の動向を元に算出されたもので、さらに振り分けだけでなく、新幹線という高速移動による新たな旅客の誘発も考慮している。また、東名・名神といった高速自動車道（東名高速道路〈東京IC〜小牧IC〉＝1968年4月25日一部開通、1969年5月26日全通、名神高速道路〈小牧IC〜西宮IC〉＝1963年7月16日一部開通、1965年7月1日全通）の開通も見込んでいる。

また、新幹線用車両の設計も進み、定員な

東海道新幹線開業時の想定旅客人数

駅名	想定人数
東　京	38,082
新横浜	4,725
小田原	1,457
熱　海	4,505
静　岡	4,057
浜　松	2,466
豊　橋	1,903
名古屋	17,781
岐阜羽島	1,232
米　原	720
京　都	10,563
新大阪	26,639

＊1日あたりの東海道新幹線各駅乗降人数

どから1列車あたりの輸送力も見えてくる。東海道新幹線では８両編成も検討されたが、最終的に12両編成となった。１等車（現・グリーン車）座席が４人並びで２両１３２名、２等車（現・普通車）は座席が５人並びで10両８５５名、合計９８７名となった。新幹線開業前、東海道本線で運転されていた電車特急も当時は12両編成が標準だった。列車によって編成が異なるため、定員に差があったがおおむね合計６５０名前後で編成あたりおよそ１・５倍もの輸送力となったのである。ちなみに１等車２両、２等車10両としたのは、等級比率を東海道本線在来線の電車急行に揃えたものだった。

こうして営業用車両の仕様が確定したところで車両の製造も始まり、１９６４（昭和39）年６月から竣工していった。同年８月までに発注された計３６０両（12両編成×30本）が揃っている。

なお、東海道新幹線では１９６９（昭和44）年から16両編成の運転も行なわれるようになるが、開業時のホーム長は12両編成に合わせたもので、さらに開業まで時間が少なかったこともあり、ホーム屋根はそれに満たない駅も多かった。

●オリンピックの混雑も想定して全車指定席に

新幹線開業前の在来線では、特急は昼行の「こだま」「つばめ」「富士」各2往復、「はと」1往復が東京〜大阪間などを結んでいたほか、東京〜名古屋間の電車特急「おおとり」も運転されていた。さらに「ひびき」という臨時特急も設定されている。このほか、急行も数多く、「なにわ」「せっつ」「いこま」「よど」「やましろ」「六甲」といった列車が活躍。さらに夜行列車も特急・急行などが数多く運転され、多くの需要に応えていたのだ。

一方、東海道新幹線では、名古屋・京都のみに停車する「超特急」、各駅に停車する「特急」の2本立てで運転することになった。さらに路盤などが安定するまでの1年間、東京〜新大阪間は超特急で4時間、特急で5時間とすること、また深夜0時から朝の6時までは運行せずに保守作業時間とするなど考えも合わせて1時間単位の規格ダイヤを基本とすることになった。こうして開業時は1時間あたり超特急と特急を1本ずつ、合わせて30往復（東京〜名古屋間などの区間運転も含む）の運転とされたのである。

列車名は一般から公募されることになり、56万通近い応募から超特急は「ひかり」、特急

東京駅に初入線した東海道新幹線の試運転列車。1964年7月15日

は「こだま」と決まった。このうち「ひかり」は２万票を得たトップ当選だったが、「こだま」は８０００票あまりで、順位は「はやぶさ」「いなづま」「はやて」「富士」「流星」「あかつき」「さくら」「日本」に続いて第10位だった。東海道本線の電車特急として活躍していた知名度からの採用となったそうだ。

また、当時の国鉄の特急はすべて座席指定制となっていたが、新幹線は輸送力が大きく、また運行頻度も高いため、自由席の導入も考えられていた。ただし、開業直後は運転本数が少なく、さらに東京オリンピックの開幕で混雑も予想された。こうしたことから当初はすべて座席指定によってスタートしている。

ちなみに自由席の導入は１９６４（昭和39）年

末の年末年始輸送の「こだま」で試行され、翌年10月ダイヤ改正から「こだま」に設定、同年12月には「ひかり」に立席特急券も設定している。こうして自由席は徐々に活用されるようになっていく。

こうして東海道新幹線は開業に向けてさまざまな準備が進められ、1964（昭和39）年9月15日には運輸省による施設・車両などの総合的な監査を受けて、無事合格、営業開始が認められた。そして半月後の10月1日、国鉄や日本の鉄道関係者にとって積年の夢だった新幹線が開業を迎えたのだ。東京オリンピック開幕のわずか10日前のことだった。

東京モノレールの開業

●ハネダエアベースから東京国際空港へ

東海道新幹線と共にオリンピックと関連のある鉄道として思い浮かべるのが、東京モノレールだろう。こちらは東京オリンピック開幕の約1カ月前、1964（昭和39）年9月17日に開業している。

東京モノレールは、東京の空の玄関口となっていた東京国際空港（羽田空港）へのアクセス交通機関として開設されたものだ。この空港は言うまでもなく、当時から現在に至るまで日本を代表する国内最大の空港で、２０１９年の着陸回数は22万７６３１回（国内線18万３８９４回、国際線４万３７３７回。１日平均国内線約６２４回、国際線約１２０回）、乗降客数は約８５６９万人（通過客含む）におよんでいる。その乗降客数は現在世界第５位の規模を誇っている。

羽田空港の歴史は、１９３１（昭和６）年８月、日本初の国営民間航空専用空港「東京飛行場」として開港したことに始まる。当時は53ヘクタールの敷地に延長３００メートル×幅15メートルの滑走路１本だけだったが、１９３８（昭和13）年から翌年にかけて最初の拡張工事が実施され、延長８００メートル×幅80メートルの滑走路が２本整備された。この時代、幻に終わった第12回オリンピック競技会の東京開催に向けて江東区の埋め立て地に新たな空港を建設する動きもあったが、戦争によって中断している。

戦後の１９４５（昭和20）年９月、東京飛行場は連合国軍に接収され、「ハネダエアベース」として連合国軍専用に使われるようになった。この間、空港は拡張され、面積は

257・4ヘクタール、滑走路は幅45メートルで延長2100メートル（旧A滑走路）と1650メートル（旧B滑走路）の2本となった。1951（昭和26）年9月のサンフランシスコ講和条約締結後、日本の航空運航も徐々に認められるようになり、同年10月から一部の国内線運航も始まった。

1952（昭和27）年7月にはハネダエアベースが一部返還され、この時に「東京国際空港」と命名。また、連合国軍が整備した滑走路が延長され、旧A滑走路は延長2133メートル、旧B滑走路は延長1676メートルとなった。さらに1955（昭和30）年には空港ターミナルビルが建設され、旧A滑走路も2550メートルまで延長されている。

こうした経緯の末、1958（昭和33）年7月にようやく全面返還となった。なお、同年11月1日から東海道本線では日本初の電車特急「こだま」が運転を開始している。

当時の時刻表には空路の案内もあるが、10月号を見ると、羽田発着では日本航空が東京〜大阪（伊丹）・福岡（板付）間9往復、東京〜札幌（千歳）間3往復、全日本空輸が東京〜名古屋（小牧）・大阪（伊丹）・金沢（小松）間4往復、東京〜仙台（八ノ目）・三沢・札幌（千歳）間3往復、東京〜新潟間1往復、東京〜大島・八丈島間2往復、日本遊覧航空（のち全日本空輸に吸収合併）が東京〜大島・八丈島間2往復となっている。一部は特定曜日運航となっており、単純計算で最大24往復の発着があったことになる。このほか、羽田は「国際空港」として国際線も運航していたが、出発は土曜日、到着は木曜日が最大で共に13便となっていた。

現在とはまるで比較にならない想像も困難な規模だが、当初はこんな状況だったのである。また、限られた機材で利便性を高めるため、例えば日本航空の東京～福岡間は直行便もあったが、大半は大阪に一度降りて区間利用に充てている。全日本空輸の東京～大阪便もすべて名古屋に一度降りており、同様の運航形態は各路線に見られた。

当時の機材は、日本航空国内線でダグラスＤＣ－４、全日本空輸はダグラスＤＣ－３あたりが主力として使われており、乗客定員はいずれも数十名だった。また、いずれも巡航速度の遅いプロペラ機だったこともあり、所要時間は東京～大阪間は直行便で１時間55分（大阪行）、名古屋経由で３時間10分となっていた。ちなみに国鉄の新鋭となった電車特急「こだま」は東京～大阪間を６時間半で結んでいる。

●進む空港整備とジェット機化

翌１９５９（昭和34）年に第18回オリンピック競技大会の東京開催が決定した。羽田空港への利用者が増えると予想され、その整備が始まった。

まず国内線は年々発着が増えており、1961（昭和36）年10月には1日最大59往復、乗客数は年間で135万1000人に達している。また、1964（昭和39）年10月には1日最大95往復となっていた。

国際線も増加傾向にあった。羽田空港全面返還となった1958（昭和33）年、日本からの出国は19万2196人、入国は17万7277人、出入国合わせて36万9473人の移動があった。この時代の交通手段は空路が約7割、航路が約3割となり、当時国内唯一だった国際空港の羽田空港では1年間に約26万人の出入国者があった計算だ。出入国者数は年々増え、1962（昭和37）年には71万5718人と倍増、1963（昭和38）年には84万8777人、さらに1964（昭和39）年には102万3916人におよんでいる。すべてが羽田空港利用者ではないが、空路と航路の比率も空路側が増える一方だった。

なお、1964（昭和39）年に100万人を超えたのは、東京オリンピックへの参加や観光で増えたこともあるが、日本人の海外渡航自由化も大きかった。実は戦後、日本人の海外渡航は規制され、業務・視察・留学など特定の目的だけに制限されていたのである。

こうした規制の一部が1964（昭和39）年3月末に解かれ、4月1日から観光なども含

羽田空港から離陸した全日空のボーイング727。1964年5月

めて自由に海外渡航できるようになったのだ。

航空会社では増加する需要に対して輸送力の強化も行なっていく。これは運行便数を増やすこともあったが、機材を大型化、さらにはプロペラ機からジェット機へと技術も大きく発展した。日本航空ではこの時代にダグラスＤＣ－８シリーズを導入、徐々にジェット機へと移行していく。また、全日本空輸もオリンピック開催となった１９６４（昭和39）年５月からボーイング７２７を導入している。大型機やジェット機の場合、滑走路の全長も長く必要となり、これも羽田空港整備の課題となった。これにより旧Ａ滑走路は３０００メートルに延長、さらに３１５０メートルの旧Ｃ滑走路も新設されている。このほか、空港ターミナルの拡張も行なわれている。

羽田空港の整備は、単に東京オリンピックに向けたものではなく、こうした社会情勢によって急増する利用を見据えたものだった。しかし、東京オリンピック期間中に集中する来日者のことも考えねばならなかった。選手や関係者の人数はある程度想定できるが、観光客については推定が難しく、これは過去の例を参考に対処していくことになった。

直近では1960（昭和35）年にローマで開催された第17回オリンピック競技大会の例がある。ローマでは各競技場の収容力、海外入場券の発売割り当てなどを根拠として、1日あたり約12万人の海外客を見込んだ。そのため、宿泊施設などの体制も整備したが、実際には大会前後20日間を合わせて総数14万7000人あまりとなり、見込みが大きく外れてしまっている。

こうした動向を鑑み、東京大会では空路による来日者数を約3万7000人と見込んだ。さらに大半はアメリカから、特にロサンゼルスおよびサンフランシスコ発着便に集中すると想定された。この時代、同区間を運航していた日本航空、パンアメリカン航空（現・廃業）、ノースウエスト航空（現・デルタ航空）、BOAC（現・ブリティッシュ・エアウェイズ）の現状輸送力では限界があり、東京オリンピック期間に合わせた増便や大型機材導入で対応することになった。

●脆弱だった空港アクセス

こうして羽田空港の整備が進められたが、空港に向かうアクセス交通の問題もあった。この時代、羽田空港へのアクセスは都心の丸の内や銀座から空港連絡バスが運行されていたほか、京浜急行電鉄も京浜蒲田駅（現・京急蒲田駅）から羽田方向に向かう支線があった。

首都高速道路が羽田空港に通じるのは１９６４（昭和39）年８月のことで、空港連絡バスは京浜国道経由で運行されていた。途中の渋滞が激しく、わずか15キロ足らずの距離に１時間半～２時間かかることもあった。

また、京急の支線は１９６３（昭和38）年11月１日に穴守線から空港線に改称され、終点も羽田空港駅となっていたが、駅の位置は海老取川の西側で、空港ターミナルまでは川を渡らねばならなかった。そのため、同駅～羽田空港ターミナル間で連絡バスを運行していたこともある。さらに京浜蒲田～羽田空港間の所要時間は約７分だったが、この間は往復運転が基本となっていた。品川・京浜川崎（現・京急川崎）・横浜駅などから羽田空港に向かう場合、京浜蒲田駅での乗り換えが必要だった。当時の京急にとって京浜間の本線輸送や三浦半島への延伸などが大きな課題で、空港アクセスへの対応は後手にまわっていた。

ともあれ、首都・東京、そして日本の空の玄関口となっている羽田空港へのアクセスは、その重責に対してかなり脆弱なものだったのである。

1958（昭和33）年には「第一次首都圏基本計画」で羽田空港に結ぶ首都高速道路が計画され、建設も進んでいたが、それとは別に都心と羽田空港を直結する鉄道も必要と考えられた。ただし、都市部ゆえ、普通鉄道では用地取得などの問題から建設にも時間がかかるため、この鉄道はモノレールで計画されていった。

●世界最長の実用モノレールに

1961（昭和36）年1月、日本高架電鉄からモノレールによる浜松町〜羽田空港間の路線免許が申請された。この会社は1959（昭和34）年にこのモノレール建設をめざして大和観光株式会社として設立、翌年6月に日本高架電鉄株式会社に社名変更したものだ。1961（昭和36）年12月には路線免許を取得、建設に取り掛かった。なお、開業前の1964（昭和39）年5月に社名を東京モノレール株式会社と再変更している。

日本高架電鉄では輸送需要を判断すべく、1960（昭和35）年から3年間の推移を検討している。

羽田空港出入り者数

年度／客数	1960年度		1961年度		1962年度	
	人数（千人）	前年比（%）	人数（千人）	前年比（%）	人数（千人）	前年比（%）
航空客	1,022	126	1,781	174	2,393	134
（国内線）	708	129	1,351	191	1,856	137
（国際線）	314	119	430	137	537	125
送迎客	3,727	12	4,005	107	4,475	112
見学客	2,404	92	2,588	108	2,646	102
合計	7,153	111	8,374	117	9,514	114
アクセス合計	13,284	110	14,967	113	16,635	111

＊アクセス合計は、片道利用：航空客、往復利用：送迎客＋見学客で算出
＊『オリンピックと交通』交通統計研究所（1964）より

この結果から１９６２（昭和37）年度では１日平均約４万５０００人が羽田空港に出入りし、毎年10パーセント以上の増加傾向を示している。これは航空客の伸びが大きく影響しているが、国内線では空路の大衆化により便数が増え、機材の大型化も進んでいたのである。さらに先述のように１９６４（昭和39）年に実施された海外渡航の自由化も考えれば、より大きな需要が見込めることになる。

これらについては利用者の増加は、１９６５（昭和40）年に１９６２（昭和37）年の倍増、１９７０（昭和45）年には５〜７倍と想定している。

もっともモノレールの利用者は、開業当初は物珍しさもあって相当大きな期待ができるが、首都高速道路開業後は自動車が増え、公共交通としてはバスと厳しい競争になることも予想された。さらに所要時間や運賃は利用

者の発着地によって異なり、簡単に想定できるものではなかった。それでも浜松町発着であれば、1日3万人ぐらいの利用はあると予想、そこから輸送計画が立てられている。

モノレールの速度は最高時速100キロで、浜松町〜羽田空港間の所要時間は15分とされた。運転間隔は8〜10分として始発・終発は原則として航空便の発着に合わせて設定する。1列車を6両編成として定員は480人。これでフルに運行すれば1日定員で約10万人の輸送力を持つことになる。さらに将来的には9両編成も想定、ホームの有効長などもゆとりを持って設計されることになった。

ルートは、モノレールの特性を活かしつつ、土地取得にかかる費用や時間も低減できるという視点から、運河上空や海上を通行するかたちで設定されていった。

起点は1955(昭和30)年に開設された空港ターミナルビル前の地下駐車場付近として、ここに地下の羽田駅を設置することになった。駅からそのまま地下を進み、旧B滑走路の下を単線でくぐり、空港西側の海老取川の手前で地上に抜ける。ここから複線となって北上していく。この先は現行の羽田空港線と変わらず、首都高速道路1号線に併行する川底トンネルで海老取川をくぐり抜ける。

現在、車両基地のある昭和島は京浜3区とされる埋め立て地で、東京モノレール開業時は車両基地と首都高速道路１号線以外何もなかった。昭和島を抜けたところで、首都高速道路１号線と分かれ、当時は京浜２区と呼ばれた平和島の埋め立て地へと入っていく。進行方向右手は京浜運河となるが、この時代、現在、大田市場・東京貨物ターミナル駅・新幹線大井車両基地などのある東海・八潮などの陸地はなく、海が広がっていた。

大井競馬場のある勝島から京浜運河上を走行、勝島を抜けたところで再び首都高速道路１号線が左側から接近、しばらく併走する。天王洲町でようやく陸地へと入り、東京水産大学（現・東京海洋大学）のある港南で首都高速道路１号線と分かれると、この先も運河上を走行する。右手の芝浦４丁目にあった広大な都電の芝浦工場も良く見えた。

今も船溜まりのある新芝北運河に入ると右に大きくカーブして国鉄の東海道本線に沿うかたちで浜松町方面へ北上していく。首都高速道路２号線を越えたところで国鉄線も斜めに跨ぎ、国鉄浜松町駅の西側に隣接したモノレール浜松町駅へと到着する。

現在の営業距離は羽田空港第２ビル駅（２０２０年３月14日から羽田空港第２ターミナル駅に名称変更）への延伸もあって17・８キロとなっているが、当時は羽田〜モノレール浜松町間の13・１キロだった。これでも当時としては世界最長の実用モノレールとして大きな注目を集めた。なお、当初は中間駅がなかった。

●1964年8月、着工から1年余りで竣工

東京モノレールの方式は、PCコンクリートまたは鋼鉄製の軌道桁を跨ぐかたちで走行する「跨座《こざ》式」となった。跨座式は、高架化が容易で、占有する敷地面積も少ない。すでに街が形成されている都心〜羽田空港のような路線にも大きなメリットとなる。

跨座式にもいくつかの方式があるが、東京モノレールは日立製作所とドイツのアルウェーグ社と技術提携で製作され、「日立・アルヴェーグ式」とも呼ばれている。この方

開業時のモノレール路線図

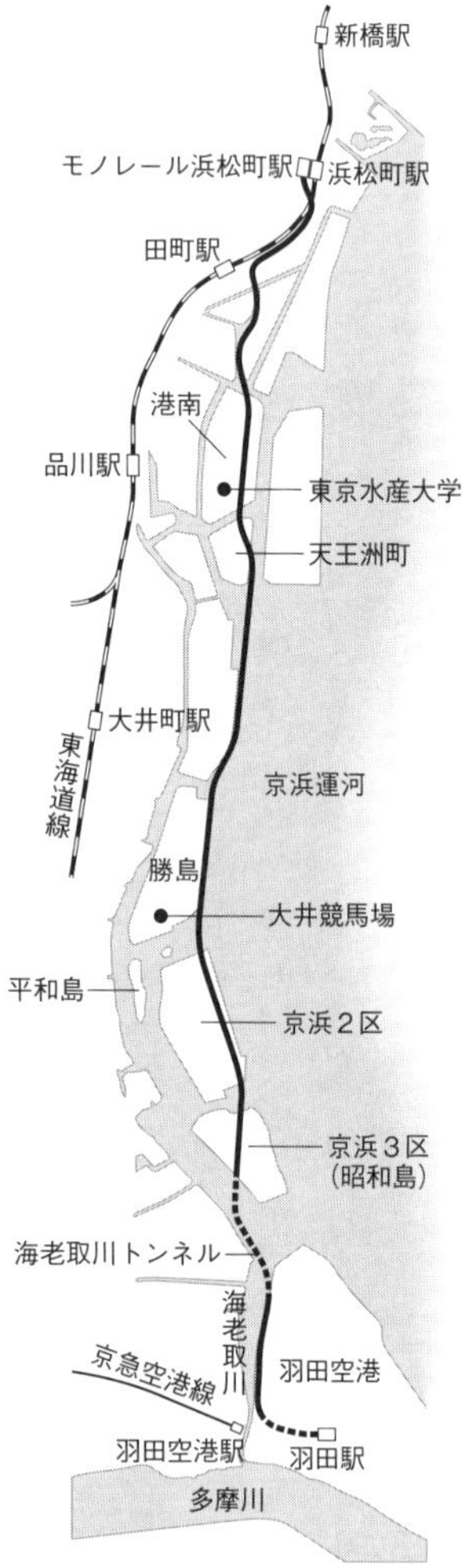

式の車両は、空気入りゴムタイヤをはめた車輪で軌道桁を走行する。そのため、勾配の登坂力に優れ、走行音も静かだ。東京モノレールの場合、最大勾配は60パーミル、最小曲線半径は１２０メートルとなっている。

本格的な建設工事は、東京オリンピック前年の１９６３（昭和38）年5月に始まった。全線を14の工区に分けて工事が進められたが、線路の大部分が地盤の軟弱な海岸線あるいは運河などで、当時としてはさまざまな新工法で対処されている。

例えば、旧B滑走路下のトンネル掘削は、航空機の発着を継続した状態で行なうため、直径6メートルのシールド工法によって進められた。日本では山陽本線の関門トンネルなどで採用されていたが、広く使われるようになるのはこの時代からだ。また、海老取川は長さ56メートル×幅10メートル×高さ6メートルの沈埋函工法となった。

運河や海上に支柱を建てる際は、鋼管を打ち込んで管内の土砂と水を排出、そこにコンクリートを流し込んで基礎とするリバースサーキュレーション工法が採られている。このほか、運河や海上では船舶の通路を確保するため、径間を長めに設定、複線の軌道桁を１本のT字型支柱で支えるなどの工夫も行なわれている。

着工してから1年足らずの４月には車両基地および界隈に６００メートルの本線が完成。

京浜３区（昭和島）の埋め立て地を走行する東京モノレールの試験車両。1964年4月

ここで車両試験を進めつつ、羽田起点側と浜松町側に延伸していった。7月上旬には羽田空港駅まで竣工、さらに8月中旬にはモノレール浜松町駅まで完成、13・1キロの本線全線が完成した。モノレールという一般の鉄道とは違う構造ではあるが、驚異的な速度で竣工している。そして8月31日から全線試運転を開始した。

モノレール車両は、輸送計画から3両を1ユニットとした永久連結とされ、3両編成の100形＋200形＋100形を7編成、6両編成の300形＋200形＋350形＋350形＋200形＋300形を2編成、合計33両が準備された。100形および300形は先頭車、200形は中間車、350形は簡易運転台付きの中間車となっている。3両編成の場合、全長29・4メートルで、定員２４０人（座席１０４人、立席１３６人）で、６両編成は全長59・４メートルで、定員４９８人（座席２１４人、立席２８４人）。車体は当時としては珍しいアルミ合金製で、３両編成で約41トンと軽量化をはかっている。

塗色デザインは現在の東京モノレールと大きく異なり、当時の『交通新聞』（１９６４年４月５日号）では「配色は上がクリーム色、下部のスカートがダブルブルー、中間の腰の部分が淡い水色、そして真ん中にはアルミ製の飾り帯をしめるなど明るい感じ」とされ、室内は「内張りがメラミン化粧板製で天井が白色系、その他は筋入りのクリーム色、腰掛はツートンカラーで自由に転換できるロマンスシート」と紹介されている。また、空港至近を走行するため、屋根に点滅式の航空障害灯まで取り付けられていたという。

乗り心地については、どの記事を見ても「ゴムタイヤのために騒音が少ない」ことが特筆され、当時としては画期的な乗り物となったようだ。

９月16日には、東京オリンピック担当だった河野一郎国務大臣、松浦周太郎運輸大臣らも列席して竣工式が開催され、翌17日から本開業となっている。

当初は、始発がモノレール浜松町６時20分発、終発が羽田空港22時30分発で、９〜17時は７〜10分間隔、そのほかは15〜20分間隔とされた。所要時間は最短15分。１日の運転本

モノレール浜松町駅で発車を待つ開業祝賀列車。1964年9月16日

数は定期129本、不定期71本で、平日・休日とも同じダイヤで運行された。また、運賃はおとな250円、こども130円だったが、往復450円、230円という割引きっぷも設定されている。

●開業翌年に初の中間駅・大井競馬場前を開設

開業後の東京モノレールは、東京オリンピック開催やモノレールという新しい交通機関への物珍しさもあって、休日には最大5万5000人が乗車するにぎわいとなったが、その活況は長く続かなかった。

ひとつは同年10月1日の東海道新幹線開業後、空路にとってドル箱だった東京～名古屋・大阪便の利用者が新幹線に移った。さらにオリンピック終了後、日本は「オリンピック景気」から一転して「証券不況」に陥る。こうした社会情勢でも空路利用者が減り、羽田利用者では10パーセント以上の落ち込みとなった。これがそのまま東京モノレールの乗客数にも影響したのである。

　また、東京モノレールの片道２５０円という運賃もネックだった。この時代、丸の内や銀座から羽田空港に向かっていた連絡バスの運賃はいずれも片道１２０円。さらに同年８月２日には首都高速道路１号線が空港まで開通したことで、連絡バスの渋滞遅延も大きく改善された。浜松町駅から国鉄・京浜急行を利用すればさらに安く、これは合計で片道60円となる。割引のある往復きっぷも用意されたが、当時の庶民感覚からすると東京モノレールはかなり高額だったようだ。結局、２年後には片道１５０円と大幅値下げしている。

　また、当初中間駅はなかったが、１９６５（昭和40）年に大井競馬場前、１９６７（昭和42）年に羽田整備場（現・整備場）、１９６９（昭和44）年に新平和島（現・流通センター）と中間駅を設置して増収もはかっている。

　さらに１９６７（昭和42）年からは日立グループとして経営再建に取り組んだ。一時は経営破たんの危機にも直面したが、こうして１９７０年代初頭には持ち直し、現在に続く空港や沿線へのアクセス交通機関として活躍を続けている。

京王線新宿駅の地下化

●東京市電への直通運転をめざして新宿追分駅を開設

東京オリンピックを前に首都圏の鉄道ではさまざまな動きがあったが、京王電鉄（当時は京王帝都電鉄）京王線の改革も忘れられない。

京王線は１９１３（大正２）年に開業した京王電気軌道の路線を元に発展してきた歴史がある。同社は設立当初から東京と八王子を結ぶ鉄道という志を持ち、「京王」の社名もここにある。

京王線の東京側起点は新宿とされた。当時の新宿の中心となっていたのは、内藤新宿と呼ばれた現在の新宿御苑の北側一帯だった。すでに山手線や中央線の発着する新宿駅ができていたが、こうした地勢から当時は東側だけに駅舎があり、西側は駅裏となっていた。京王線も駅裏に甘んぜず新宿駅の東側をめざす。

新宿駅で交差する甲州街道は現在、跨線橋となっているが、当時は踏切で東西を結んでいた。京王線開業時は葵橋と呼ばれる木造の人道陸橋も架かっており、京王線はこの橋に併行して鉄橋を設置、開業の２年後には新宿追分（現・新宿三丁目交差点の南側）まで延伸した。この時代、新宿追分には東京市街鉄道として開通していた東京市電（のち東京都電）が発着しており、その乗り継ぎの利便性もあった。

さらに当時の京王線は東京市電への直通運転も考えていたようで、現在に続く１３７２ミリという軌間は東京市電と同一だ。実際には多摩川で採掘された砂利を都心に運ぶ輸送があったが、旅客の直通運転はされていない。

当初の新宿追分駅は道路上の停留所のようなものだったが、１９２７（昭和２）年には至近に鉄筋コンクリート造り、地上５階建て、地下１階というビルを建設、ここから発着するようになった。これは東京では初となる駅ビルで、２階以上はテナントとして活用されている。

●終戦の直前に新宿駅の西側へ移転

やがて日本は戦時体制となり、１９４４（昭和19）年には京王が東京急行電鉄に合併、同社の京王営業局となった。１９４５（昭和20）年５月25～26日の空襲では、幡ヶ谷、笹塚、桜上水をはじめ多くの駅を焼失、さらに新宿の西側にあった天神橋変電所も機能喪失という壊滅的被害を受けた。

京王線は数日後から運行を再開したが、電力不足による電圧降下で国鉄新宿駅を跨ぐ鉄橋の勾配を上れない事態が発生してしまった。そのため、急遽、新宿駅西側に新たな駅を設置、同年7月24日には京王新宿をこちらに移転、駅名も新宿と改めている。

戦後の1948（昭和23）年には東京急行電鉄から合併会社が分離独立することになり、京王は京王帝都電鉄となった。この新生・京王帝都電鉄では、戦災復興を進めると共に新宿〜初台間などの線路改良にも着手している。新宿駅を出たところからしばらく甲州街道上を走る併用軌道となっていたが、都市整備の一環として甲州街道拡幅が行なわれ、この区間は道路中央の専用軌道となった。

1960（昭和35）年6月、東京都は新宿駅の西側にあった淀橋浄水場を移転、その跡地を新宿副都心として再開発する計画を発表した。これにより新宿西口が超高層ビル街として大きく変貌していくのだ。

京王も独自に新宿駅および新宿〜初台間を地下化、甲州街道の走行を解消すると共にターミナル近代化を計画する。新宿駅は地上8階、地下2階の駅ビルとして、電車はその地下に発着する構想だった。

まず、新宿〜初台間地下化の免許申請が１９５６（昭和31）年に行なわれ、１９５９（昭和34）年11月に着工となった。

●マラソンコースによって地下化の目標はオリンピック前に

実はこの１９５９（昭和34）年５月に開催された第55次ＩＯＣ総会で１９６４（昭和39）年の東京オリンピック開催が決定しており、これも京王にとってひとつの追い風となったようだ。東京オリンピック開催に向けてさまざま準備が進められていくなか、マラソン競技のコースが甲州街道で行なわれ、新宿駅界隈では京王線がコースと交差することになった。毎年１月に行なわれる通称「箱根駅伝」で箱根登山鉄道の電車が選手通過のために停車することは有名だが、東京オリンピックとなれば京王線も電車の運行を見合わせる事態が発生する。当時、京王線の新宿駅では１日24万人もの乗降客があり、その対応には困難が予想された。かくしてこの区間の地下化は東京オリンピック前の完成が目標となった。

新宿〜初台間地下化の工事を進めている段階で、東京都による新宿西口再開発計画も形を整えていった。新宿駅西口広場の詳細計画もまとまり、ここに接続する京王線の新宿地下駅工事も１９６１（昭和36）年５月に着工となった。

地下化開業当日の京王線新宿駅。1963年4月1日

新宿駅の地下化は、地上にあった4本の線路とホームを地下から鉄骨で借り受けして掘削していく工法で、掘り出した土砂は大型トラック5万台に達した。当時の鉄道土木工事では前例を見ない大がかりなものといわれている。首都圏各地で東京オリンピック関連工事が進むなか、京王は資材不足や人材不足にも悩まされたが、1963（昭和38）年4月1日には新宿駅および同駅からおよそ900メートル区間の地下線が完成、ここを先行開業した。

駅ビルの工事はまだ進められていたが、新しい新宿駅はホーム長も長くなり、京王線ではこの時から5両編成の運転も開始、同年中に6両運転と拡張している。また、この先行開業で京王線の甲州街道走行はなくなった。

この時の京王線は文化服装学院付近で地上に出て

いたが、この先で交差する西参道や環状６号線（山手通り）は東京オリンピック関連道路として整備が進められることになった。こうした事情から交差部については道路管理者の東京都と京王が共同で工事を進めることになり、ここは１９６２（昭和37）年10月着工となっている。

●地下化の延伸とオリンピックの掉尾を飾ったマラソン

地下化が完成した初台駅から地上区間に出てきた京王2000系。1964年6月8日

こうして東京オリンピックが開催される１９６４（昭和39）年の６月７日に地下化工事は初台駅の先まで完成、新宿～初台間の約２キロの地下化が完了した。これにより約10カ所の踏切がなくなり、運行上のネックとなっていた途中のＳカーブも解消した。さらに地下化工事中の１９６３（昭和38）年８月に京王線を６００ボルトから１５００ボルトに昇圧、

新型車両5000系も導入されている。

京王ではこうした京王線の改良竣工を踏まえ、東京オリンピック会期中の1964（昭和39）年10月14日にダイヤ改正を実施、最高速度を時速85キロから90キロにアップ、新宿〜京王八王子間の所要時間を最短37分とした。同区間は37・9キロで、京王にとっては長年の目標だった「1キロ1分」を達成したのである。そして新宿駅ビルはオリンピックとパラリンピックの狭間となる同年11月1日に完成、駅に直結するデパートして京王百貨店も開店している。

京王にとって東京オリンピックが開催された1964（昭和39）年は、さまざまな大型事業が完了する大きな節目の年となったのである。

なお、東京オリンピックのマラソン競技は、国立競技場をスタート、新宿東口から甲州街道に入り、調布市の飛田給《とびたきゅう》付近（現・味の素スタジアム付近）で折り返して国立競技場に戻る42・195キロのコースで行なわれている。大会前の1964（昭和39）年4月21日、同一コースでオリンピックの最終選考会となる毎日マラソンが開催された。すでに京王線は1年前に該当区間の地下化が行なわれており、競技は問題なく実施されている。

東京オリンピックの本番競技は、大会終盤の10月21日に行なわれた。ここではエチオピアのアベベ・ビキラ選手がローマ大会に続いて史上初のマラソン２連覇を成し遂げたが、日本の円谷幸吉選手の活躍も忘れられない。先述の毎日マラソンで第２位を記録、マラソン出場権を得た円谷選手は２時間16分22秒の生涯ベスト記録で第３位に入った。これが東京オリンピックで唯一の陸上競技メダル獲得となったのである。

根岸線の開業

●鉄道創業の駅から南へ延伸

現在、大船〜大宮間で京浜東北線と直通運転している根岸線は、東京オリンピック開催の年に産声を上げた。独自の路線名を持つが、駅ナンバリングに使われる路線記号は京浜東北線と同じ「ＪＫ」であり、しかも根岸線の終点となる大船駅から「ＪＫ01」と順に振られている。

根岸線の歴史は、１８７２（明治5）年の日本の鉄道創業期までさかのぼることになる。横浜駅から１つ目の桜木町駅は、当時初代横浜として設置された駅で、１９１５（大正

4）年の2代目横浜駅開業で桜木町と改称されたのちも東海道本線の一部となっていた。
桜木町駅は長らく盲腸線の終点といった形だったが、1937（昭和12）年には「鉄道敷設法」に「神奈川県桜木町ヨリ北鎌倉ニ至ル鉄道」として延長計画が定められた。これは東海道・横須賀線のバイパスルートといった位置付けで、路線は桜木町～大船間で具体化していく。当時は「根岸線」ではなく、起終点地名を使い「桜大線」とも呼ばれたようだ。1941（昭和16）年には臨海工業地帯の造成を目的とした磯子界隈の埋め立て計画も登場、鉄道も一部区間で着工となった。ただし、ほどなく戦争激化で工事は中断、埋め立て計画も頓挫した。

戦後、横浜市域が急速に拡大、根岸・磯子地区では工業地帯の形成も進められていく。それを支える交通機関のひとつとして未完成に終わっていた根岸線がクローズアップされる。一方、現在では横浜港の一部に組み入れられている根岸湾一帯はノリ養殖などが盛んな漁場で反対運動も起こっているが、工場誘致および鉄道建設を一体化した地域開発事業とされ、最終的な調整が行なわれている。

国鉄では1957（昭和32）年に根岸線建設を決定、1959（昭和34）年5月に着工した。根岸・磯子地区では埋め立て地を走り、用地取得も有利だったこともあり、東京オ

桜木町～磯子間延伸工事中の根岸線関内駅付近。正面の建物は横浜市役所。1962年12月

リンピック開催となる１９６４（昭和39）年の５月19日にまず第１期工区の桜木町～磯子間が開通、同時に横浜～桜木町～磯子間が根岸線と命名された。

根岸線は新しい高速鉄道に準ずる設計で建設され、踏切は皆無（実際には山手駅付近の立体交差化が間に合わず、しばらく踏切が存在した）、またホームも10両編成に対応するものだった。開業時から京浜東北線との直通運転が行なわれ、横浜、さらには東京に直通する利便性の高い路線として注目された。並行して近隣の工場が次々と操業を開始、住宅も増え、利用者は急増している。ちなみに開業月の磯子駅利用者は６万人（１カ月合計）に過ぎなかったが、１年後には26万人を超えるまで急成長している。

ちなみに当時の京浜東北線は茶色の旧型国電72系で運転されており、山手線で活躍を始めていた103系は導入前だった。京浜東北線・根岸線への103系導入は東京オリンピックの翌年、10月からとなっている。

根岸線開業のころ、国鉄の新線建設は直轄ではなく別組織で行なうといった考え方が生まれ、1964（昭和39）年3月に日本鉄道建設公団（2003年から鉄道建設・運輸施設整備支援機構に統合）が設立した。当初、同公団では建設中の工事線29線、調査線（予定線のうち、着工を前提に調査を進める線）2線を引き継いだが、ここに根岸線も加えられ、磯子～大船間を担当することになった。

こうして同公団により1970（昭和45）年3月17日には磯子～洋光台間、さらに1973（昭和48）年4月9日には洋光台～大船間が開業して根岸線は全線開通している。こうして大船～大宮間81・2キロを直通する京浜東北線の運転が始まったのだ。

●「東洋の魔女」が活躍した会場への最寄り駅に

東京オリンピック開催年に駆け込みのようなかたちでスタートを切った根岸線だが、実は競技会場へのアクセスなどに役立っている。1962（昭和37）年に開港百周年記念事業の一環として建設された横浜文化体育館は、開業間もない根岸線の関内駅から徒歩４～５分という立地だった。

横浜文化体育館落成時、東京オリンピックの開催は決まっていたが、一部の競技会場は白紙のままだった。そこで横浜市は横浜文化体育館をレスリングの会場として招致活動を繰り広げる。大会実績も示すべく、国際レスリング連盟（ＦＩＬＡ）に世界選手権の会場提供を持ちかけ、１９６１（昭和36）年の開催を勝ち取った。不幸なことに工事中の降雪で体育館の竣工が遅れ、世界選手権は同じ横浜市にある慶應義塾大学の日吉記念館に変更して行なわれた。しかしレスリングへの想いは強く、横浜文化体育館落成直後、ワールドプロレスリングの力道山対シャープ・ブラッシーの一戦が行なわれている。

残念ながら東京オリンピックのレスリング会場は駒沢体育館になってしまうが、横浜市は諦めず、同年夏に行なわれた東京オリンピックバレーボール強化試合などを縁としてバレーボールの会場として招致活動を行なっていく。その結果、駒沢体育館と共に横浜文化体育館が会場となった。

横浜文化体育館では10月12～15・17～19・21～23日に男女バレーボールの試合が行なわれた。ちなみに女子バレーボールはこの東京オリンピックから正式種目となり、「東洋の魔女」と呼ばれた日本チームが活躍、見事に金メダルを獲得した。横浜文化体育館では彼女たちのルーマニア戦と韓国戦が行なわれている。

なお、横浜港の大桟橋も関内駅の徒歩圏内だ。東京オリンピックの期間中、大桟橋などには外国人観光客のホテルとして多くの客船が停泊していたが、その足としても多少は使われたことだろう。

オリンピックに向けた道路の整備

●道路整備の障壁となった東京の地形と鉄道網

東京オリンピックに向けて、鉄道をはじめとする交通インフラはさまざまな形で整備されていったが、道路の整備も大きな課題となった。

日本では戦後に本格的な自動車時代となり、東京では1950（昭和25）年ごろから自動車の保有台数が急増していた。この時代の人口は先述したように毎年30万人前後増えていくペースだった。それに対して自動車の保有台数も毎年数万台ペースで増え続けていく。

特に１９６０（昭和35）年以降の増加は激しく、終戦直後は数万台に過ぎなかったが、東京オリンピックの開催された１９６４（昭和39）年には１００万台を突破している。ちなみに現在では３００万台に入っている。

急増する自動車に対して、東京の道路事情は貧弱だった。

ひとつは都市の基本構造を前身となる江戸から引き継いだことにある。江戸幕府は防衛を基本に道路を整備してきたため、市街地ではあえて見通しの悪い丁字路やクランクなどを盛り込んだ形につくられていった。さらに馬車などの車両交通も制限されており、道路の幅員も狭かった。

加えて地形の問題もあった。東京は平坦な土地のように思われているが、23区内でも起伏が多い。実は江戸川流域は利根川時代から沖積平野としてつくられてきたため、東京下町低地と呼ばれる平地になっているが、そこに西側から武蔵野台地がせり出し、その縁が23区内を複雑に通じているのだ。こうした傾斜地に道路をつくるときは、坂の勾配を緩やかにするため、等高線に近い形で屈曲することが多い。

明治維新後、徐々に道路整備が進められ、昭和初期には放射線と環状線で構成する系統的な幹線街路網も計画されているが、その作業はなかなか進まなかった。

道路整備の障害となったのは、早い時期から発達した鉄道の存在も大きかった。

東京では、明治期から東海道・中央・東北・常磐など各方面に向かう鉄道が敷設され、大正期には山手線の電車運転も始まり、放射線と環状線が結合する幹線ができあがった。都心部では馬車鉄道として始まった路面電車が明治末には統合されて東京市電（1943年から東京都電）として縦横に走っていた。また、山手線各駅をターミナルとする私鉄も大正～昭和初期に次々と開通、国鉄線を補う放射線の密度も高められていった。

また、物流は江戸時代から下町に整備されていた水運が活用された。鉄道の貨物駅は汐留・隅田川・秋葉原などに設置されていたが、隅田川・秋葉原は水運との結節点としても整備され、いずれも戦後まで活用されていた。

つまり東京では、道路に頼らずとも、利便性の高い交通手段ができあがっていたのである。さらに戦前の自動車保有台数は東京でも数万台に過ぎず、道路整備の必要性を感じる人は少なかったのだ。

かくして戦後の自動車保有台数の急増は大きな問題となった。

昭和40年代になっても慢性的な渋滞が続いた都心の道路。角筈電停付近 1970年3月。撮影：筆者

●オリンピックが道路整備の大きな目標に

戦後の人口急増で鉄道は「酷電」などと揶揄されるほどの状況を呈したが、道路も慢性的な渋滞を引き起こした。これは幹線だけでなく、あふれ出た自動車が抜け道として脇道に流れ込み、ここでも渋滞した。結果として「歩いたほうが早い」とさえ言われ、さらには消防車や救急車など緊急車両の通行も困難という厳しい状態に陥ったのである。

場当たり的ではあったが、即効的な効果が得られると判断されたのは、道路上を通行していた東京都電の処置だった。当初は軌道内に自動車を入れないで電車運行を確保していたが、ここに自動車を通せば道路の幅員がその分広がると計算された。かくして１９５９（昭和34）年から都内では軌道内での自動車通行が許されるようになった。しかし、これは路面電車にとっては致命的な障害となり、結果的に軌道を撤去、路面電車の全廃へと進んでいく。

もちろん、東京や首都圏の将来像を見据えた、大所高所的な整備計画も練られていた。首都圏整備計画を検討する政府の首都建設委員会（のち首都圏整備委員会）では、1953（昭和28）年に都心環状線と5本の放射線からなる延長約49キロの自動車専用道路計画を勧告していた。これは現在の首都高速道路の基本となる計画だった。戦前戦後に同様の構想は立てられていたが、ここから本格的な検討が始まったといえる。これを受けて建設省では1957（昭和32）年に「東京都市計画高速道路に関する基本方針」を打ち出す。ほぼ時期を同じくして東京都の東京都都市計画審議会も「東京都市計画高速道路網計画案」を立てた。

さらに審議は進められ、1958（昭和33）年には首都圏整備委員会が高速道路整備計画を含んだ「首都圏整備計画の基本計画及び整備計画」を決定。その告示を受けて東京都は環状線と8本の放射線からなる延長約71キロの計画案を策定、1959（昭和34）年8月に都市計画決定された。同年、首都高速道路の建設・管理を行なう首都高速道路公団（現在は首都高速道路株式会社など）も設立された。

こうして首都高速道路計画が実務に向かって動き出した年の5月、１９６４（昭和39）年の東京オリンピック開催が決まった。東京オリンピックに向けて結成された大会組織委員会は、競技場の設定や整備を進めると共にアクセスも検討していく。その結果、１９５９（昭和34）年11月には関連道路の整備を要請した。首都圏整備委員会では、これを受けて特に整備を急ぐ首都高速道路および関連街路を「オリンピック関連道街路」に定め、その作業に着手した。

東京オリンピックの開催は、東京の道路整備に向けた大きな目標となったのである。

●オリンピックの直前に開通した首都高速道路

首都高速道路でオリンピック関連道街路とされたのは1号線など4路線だった。ただし、各路線の計画全線竣工をめざすのではなく、羽田空港と都心、そしてオリンピック会場やオリンピック選手村相互の移動に活用できる部分に主眼が置かれた。

まず、首都高速道路初の路線として１９６２（昭和37）年12月20日に1号線の京橋〜芝浦間（４・５キロ）が開通した。その後、徐々に延伸を重ね、オリンピック開催直前の１９６４（昭和39）年10月1日までに1号線（日本橋本町〜羽田空港〈現・羽田西〉）、２

建設工事が進む首都高速1号線の江戸橋ジャンクション付近。1963年12月

号線（銀座〜芝公園）、3号線（三宅坂JCT〜霞ケ関・渋谷〜道玄坂）、4号線（大手町〜初台〈仮〉）など延長32・8キロが完成している。これにより羽田空港〜銀座〜国立競技場〜選手村間が1本の高速道路で結ばれ、さらに日本の中枢となる霞ケ関にも通じた。羽田空港で高速道路に入れば、30分ほどで代々木の選手村に到着する。

この高速道路が都心部にも関わらず短期間に完成に持ち込めたのは、既存の道路・川・堀・水路の上空などの徹底した活用、さらに当時は環境アセスメント手続きが不要だったことにもあるが、慢性的な渋滞で道路整備への理解が得やすかったこと、そして日本で開催する初のオリンピックに向けた機運の盛り上がりがあったことなども理由にあると分析されている。

完成間近の首都高速４号線。中央線千駄ケ谷駅付近。1964年７月30日

ちなみに1号線は、羽田空港を出ると一部区間は東京モノレールと並んで京浜運河上を通り、旧・汐留運河から川底をトンネルで抜け、築地川を空堀として通している。その後、4号線に入り、日本橋川の上を高架で進んでいく。ここでは日本の道路起点となる日本橋の上空をふさぐことになり、近年批判も出ているが、この区間の設計はデザイン的な部分も含めて特に気配りされたともいう。

批判といえば、皇居の千鳥ヶ淵を大きく跨ぐこと、千駄ケ谷駅付近で日本初のパークウエイとして整備された明治神宮内外苑連絡道路を崩してその用地を活用したことなども指摘されるが、このあたりはオリンピック開催が錦の御旗になったのかも知れない。

●「青山通り」などの道路通称もオリンピックが契機に

オリンピック関連道路は、国立競技場・選手村を中心とした周辺および駒沢公園・馬事公苑・朝霞射撃場・戸田漕艇場への連絡などで総延長にしておよそ55キロになる22路線が指定され、東京都単独、あるいは建設省都市局や道路局の補助を得るかたちで整備が進められた。

なお、98ページの表ではその他として紹介した環状7号線はオリンピックに関係ないように思われるが、当初は選手村を朝霞に設けることで計画が進められていた。この選手村と駒沢公園などを結ぶ道路として選定されたのである。結果的に選手村が代々木となり、直接的な活用はなされなかったが、環状8号線などと共にその後の東京の道路網整備に大いに役立ったのだ。

オリンピック関連道路として指定された道路の幅員は、おおむね30メートル以上、放射22号線などでは50メートルで計画された区間もある。さらに車線をふさぐ自動車を減らすため、右折専用レーンを設ける用地が取れなかった交差点では右折やUターンを禁止にしたり、路上駐車対策の駐車場整備も並行して行なうなど考慮された。

また、道路や鉄道との交差部に立体交差を取り入れたことも特筆にあたいする。これはオリンピック関連道街路すべてに行なわれたものではないが、のちに青山通りや玉川通りとなる放射4号線、また環状7号線などでは積極的に取り入れられている。

こうした街路整備は用地買収が難航するものだが、やはりここでもオリンピック開催が錦の御旗になったようで、1959（昭和34）年12月の「オリンピック関連道街路」指定から4年間で計画分をほぼ完成させている。移転に応じた人たちの心中にも考えをおよばせねばならないが、やはり驚異的な事業速度と感心してしまう。

なお、先述の「青山通り」のように道路名の通称が増えたのも、このオリンピックが契機となった。実は江戸時代から日光街道や甲州街道、東京となってから使われるようになった昭和通りといった通称はあったが、都市計画道路に通称はほとんどなかった。放射×号、補助×号といった呼び名では馴染みにくいという判断もあり、東京都では東京都通称道路名設定審議会を設置、1962（昭和37）年から都内の国道・都道に通称道路名を設定している。東京オリンピックまでに設定された、通称道路名は表の通りだ。

東京都通称道路名設定審議会は現在でも必要に応じて通称道路名を定めているが、実はこうした対応も東京オリンピックを迎える整備事業のひとつだったのである。

オリンピック関連道街路

国立競技場周辺	環状3号線（新宿南元町～港区新竜土町）	1,307m	都市補助
	環状4号線（渋谷下通り1丁目～千駄ケ谷駅2丁目）	2,742m	都市補助
	補助24号線（港区青山北町4丁目～渋谷区神南町）	2,625m	都単独
代々木選手村周辺	放射23号線（渋谷区隠田～代々木富ヶ谷町）	1,412m	都市補助
	補助53号線（渋谷区宇田川町～代々木山谷町）	1,942m	都単独
	補助155号線（渋谷区神南町～宇田川町）	652m	都単独
	渋谷12号線（渋谷区代々木1丁目～2丁目）	697m	都単独
駒沢公園連絡道路	放射3号線（世田谷区玉川等々力1丁目～2丁目）	750m	道路補助
	放射4号線（千代田区永田町2丁目～世田谷区新町1丁目）	8,199m	都市補助
	放射22号線（渋谷駅付近　国鉄・東急立体交差）	120m	都市補助
	環状6号線（目黒区上目黒7丁目～渋谷区大山町）	1,400m	都市補助
	環状6号線（京王立体交差、渋谷区代々木初台）	1,450m	都市補助
	補助127号線（目黒区宮前町～世田谷区上馬3丁目）	2,200m	都単独
	補助154号線（世田谷区玉川等々力2丁目～新町1丁目）	2,233m	都単独
馬事公苑連絡道路	補助51号線（世田谷区世田谷1丁目～4丁目）	1,370m	道路補助
朝霞・戸田連絡道路	放射7号線（練馬区中村橋～谷原町2丁目）	2,980m	道路補助
	補助134号線（練馬区谷原町2丁目～旭町）	2,447m	道路補助
その他	放射5号線（新宿区角筈3丁目　新宿駅跨線橋）	393m	道路補助
	放射12・19号線（港区新橋3丁目～中央区江戸橋1丁目）	2,590m	都市補助
	環状7号線（大田区馬込～板橋区本町）	15,391m	都市補助
	環状8号線（世田谷区玉川等々力1丁目～玉川瀬田町）	2,433m	道路補助
	補助153号線（中央区明石町～晴海町）	712m	都市補助

＊都市補助＝建設省都市局補助工事、道路補助＝建設省道路局補助工事、都単独＝東京都単独工事

オリンピック関連道街路の通称道路名

環状３号線	外苑東通り
環状６号線	山手通り
環状７号線	環七通り
環状８号線	環八通り
放射４号線	青山通り、玉川通り
放射３号線	目黒通り

放射７号線	目白通り
放射５号線	甲州街道
放射12号線	昭和通り
放射23号線	井の頭通り
補助51号線	世田谷通り
補助127号線	自由通り

オリンピック関連道街路図

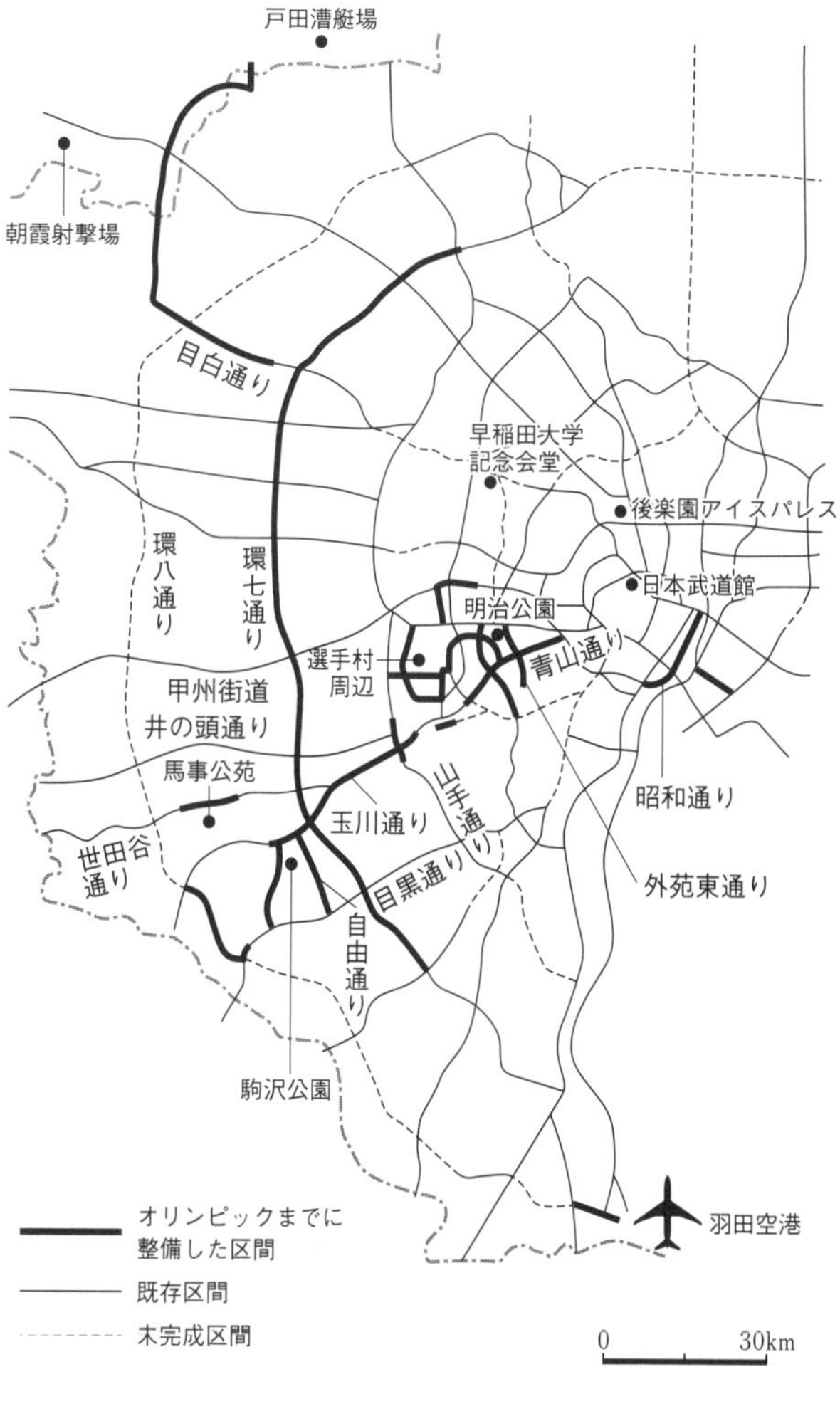
戸田漕艇場
朝霞射撃場
目白通り
早稲田大学
記念会堂
後楽園アイスパレス
環八通り
環七通り
日本武道館
明治公園
選手村
周辺
青山通り
甲州街道
井の頭通り
馬事公苑
山手通り
昭和通り
玉川通り
世田谷
通り
目黒通り
外苑東通り
自由通り
駒沢公園
羽田空港
オリンピックまでに
整備した区間
既存区間
未完成区間
0
30km

オリンピック輸送の準備

●外国人観客のための専用路線バスを臨時設定

東京オリンピックに向けて、競技場の整備は元より鉄道や道路などの交通インフラが整えられていった。また、並行して輸送の実施方策から警備に至るまで関係各機関の協力によって実務的な対策が構築されていった。こうした交通対策は大会の円滑な運営をはかるための根幹と捉えられていたのである。

1964（昭和39）年2月には関係閣僚の会合も持たれ、総合的な輸送対策の概要が第3次池田内閣の運輸大臣だった綾部健太郎から発表された。基本方針は、観客は主に鉄道輸送で対応、外国人観客に対しては専用路線バスを臨時設定して輸送するとしている。外国人観客の専用バスは従来のオリンピック開催国都市にはなかったが、観客の多くが土地不案内であり、さらに老人婦人の多いことなどから利便性をめざした配慮だった。さらに外国人輸送に対しては専任の実施本部も設けて円滑な作業をはかるとしている。

国内の観客輸送は、国立競技場を中心とする明治公園会場と、駒沢公園会場をはじめ横浜、千葉、相模湖、軽井沢など分散している周辺会場の２つに分けて対策が考えられた。

国立競技場では開閉会式は約７万５０００人、一般競技では最大９万人の入場者が予想されるが、これらは基本的に国鉄中央・総武緩行線および地下鉄銀座線で対応するものとされた。この２路線については後述のように輸送力増強を行なっているが、平日ラッシュ時と重複する場合もあり、特にその時間帯の輸送力確保が課題とされている。

また、国鉄や地下鉄を補完する都電、トロリーバス、路線バスについても輸送力の増強をはかると共に、主要ターミナル駅と直結する臨時系統の設定も計画された。さらに式典や競技終了後には観客の移動が集中するため、ここでは時差を付けて退場誘導することも検討されている。

一方、地方会場は会場が分散され、動員数も限られているので、比較的スムースに行なえると判断されたようだ。もっとも駒沢公園会場への鉄道といえば、この時代は渋谷駅に発着していた東急玉川線の路面電車だけだった。すでに２両連結の運転も行なわれていたが、輸送力には限界があり、ここでは路線バスの増発などでフォローされている。

各競技会場の最寄り駅

会場名	最寄り駅
国立霞ヶ丘競技場	中央・総武緩行線　千駄ケ谷駅、信濃町駅
秩父宮ラグビー場	東京メトロ銀座線・外苑前駅
東京都体育館	中央・総武緩行線　千駄ケ谷駅
東京都体育館屋内水泳場	中央・総武緩行線　千駄ケ谷駅
国立屋内総合競技場本館	山手線　原宿駅
国立屋内総合競技場別館	山手線　原宿駅
渋谷公会堂	山手線　渋谷駅
駒沢陸上競技場	東急玉川線　駒沢電停
駒沢体育館	東急玉川線　駒沢電停
駒沢バレーボール場	東急玉川線　駒沢電停
駒沢第1ホッケーグランド	東急玉川線　駒沢電停
駒沢第2ホッケーグランド	東急玉川線　駒沢電停
駒沢第3ホッケーグランド	東急玉川線　駒沢電停
馬事公苑	小田急線　経堂駅
早稲田大学記念会堂	都電　早稲田電停
後楽園アイスパレス	中央・総武緩行線　水道橋駅
日本武道館	都電　九段下電停
八王子自転車競技場	中央線　高尾駅
八王子ロードレースコース	中央線　高尾駅
朝霞根津パーク	東武東上線　朝霞駅
朝霞射撃場	東武東上線　朝霞駅
戸田漕艇場	京浜東北線　西川口駅
大宮蹴球場	東武野田線　大宮公園駅
所沢クレー射撃場	西武池袋線　所沢駅などからバス
横浜文化体育館	根岸線　関内駅
三ツ沢蹴球場	横浜市電　浅間下電停
江ノ島ヨットハーバー	小田急江ノ島線　片瀬江ノ島駅
相模湖	中央本線　相模湖駅
東京大学検見川総合運動場	総武線　新検見川駅
軽井沢馬術場	信越本線（現・しなの鉄道）　中軽井沢駅

●停泊中の旅客船や民泊なども想定

外国人観客については4万人近い来訪を見込み、開会式には2万人、閉会式には1万5000人という予想を立てた。これらの外国人観客は、都区内ホテル、伊豆・箱根エリアなどの旅館・ホテル、あるいは船舶などの宿泊が考えられ、そのアクセスが個々に検討されていった。

ちなみに東京オリンピック開催時の宿泊定員は表で示したとおりだが、横浜港などに停泊している旅客船への宿泊がかなりあることに注目される。船が係留されたのは、横浜大桟橋、横浜センターピア、東京港、川崎港など。宿泊数で最大となった10月10日は772 4人を数えたが、期間中は平均して6000〜7000人が確保された。

東京オリンピック開催時の宿泊定員

政府登録ホテル	12,800
政府登録旅館	3,500
日本旅館	3,000
ユースホステル	1,000
民泊	1,500
公営アパートの提供	1,000
船舶	7,000
その他	200
合計	30,000

*『オリンピックと交通』（交通統計研究所）より

また、2020年の東京オリンピックで話題となった民泊が1500人、公営アパートの提供が1000人とカウントされており、この時代からさまざまな工夫がなされていたことがわかる。

外国人観客の輸送は、先述のように専用路線バスで対応することになったが、まず東京駅および新宿駅と会場を結ぶ専用路線バスが設定された。交通のわかりやすいこれらの駅まで出向いてもらえば、会場に向かえるというものだ。伊豆・箱根エリアなどの都外の宿泊客も、東海道新幹線・東海道線・小田急線などを利用して東京駅または新宿駅まで出向いてもらえば、この専用路線バスが利用できる。さらに都内の大型ホテルなどを起点とした専用路線バスも数系統用意された。また、船中泊は横浜港〜会場間に貸切バスを運行することになった。この専用路線バス用として約300台のバス、港連絡の貸切バスとして約100台が準備されている。このほか、バスは選手専用に約2000台、組織委員会用で約200台が用意され、これも貸切で運行されている。

なお、明治公園会場のバスターミナルは新宿御苑のわきに臨時で設置されたが、国立競技場などと距離があるため、その間を結ぶシャトルバスも運行されたそうだ。

このほか、競技場周辺および横浜埠頭、そして都内主要箇所にタクシーのりばも設置されている。このタクシーの運行に対しては東京オリンピック閉会後の『交通新聞』（1964年11月7日号）に「五輪大会に泣いたタクシー」というコラムが掲載されている。カタコトの英語で行き先を聞き取り、何とか目的地に届ける。これだけでも大苦労なのに、最後の運賃の請求がうまくいかずタクシー代を踏み倒された例があったというのだ。すでにメーター制ではあったが、日本はチップ不要の国ということで変な誤解があったのかも知れない。

明治公園会場への輸送対策

●来場者の約半数の10万人が国電利用と推定

明治公園会場の中心となる国立競技場の収容人数は、公式には７万１６６３人となっていたが、実際には選手・役員・その他の大会関係者を加えるとそれ以上の収容力があった。

そこで開閉会式に約７万５０００人、一般競技では最大９万人の入場者が予想された。さらに一般競技の場合、競技の進行によって観客の入れ替えもあり、のべ人数では10万人を超えるとも予想されている。さらに警視庁では競技場に入場しないまでも会場周辺へ参集することも想定、場内10万人、場外10万人、合わせて20万人と推定している。

また、国立競技場へのアクセス手段はいろいろあるが、警視庁では周辺の交通規制、駐車場の場所と収容台数、タクシーの台数、そして各交通機関の輸送力などから表のように

国立競技場へのアクセス手段

徒歩	20,000人（10％）
自動車（自家用車、タクシーなど）	60,000人（30％）
国鉄（中央線緩行電車）	98,400人（49％）
地下鉄（銀座線）	11,800人（６％）
都電・トロリーバス	4,900人（2.5％）
バス	4,900人（2.5％）
合計	200,000人

推定していた。これによって周辺の交通規制、路上での誘導整理、さらには国鉄・地下鉄駅の受け入れ体制との調整を進めていったのである。

こうした予想の根拠となったのは、１９５８（昭和33）年５月24日〜６月１日に開催された「第３回アジア競技大会」と１９６３（昭和38）年10月11〜16日に開催された「東京国際スポーツ大会」だった。

１９５８年の第３回アジア競技大会では１日平均約６万４２００人の入場者があったが、その交通手段は国電（信濃町駅および千駄ケ谷駅）82％、地下鉄（外苑前駅）９・８％、都電４・１％、都バス（トロリーバスを含む）４・１％となっていた。

また、オリンピック前年に開催された東京国際スポーツ大会の場合、開会式に６万７０００人の入場者があった。交通手段は国電（信濃町駅および千駄ケ谷駅）が大半で、地下鉄銀座線の外苑前駅も10％ほど利用されている。このほか、都電や都バス（トロリーバスを含む）も利用されているが、量的にはわずかなものだった。

第３回アジア競技大会開催時の千駄ケ谷駅。1958年５月

オリンピックの場合もアクセス手段としては同じ傾向になると想定されたが、入場者や参集者の規模からすればさらにこれを上まわる輸送力が求められることになる。

●中央線緩行電車は10両編成に

では、当時の国電や地下鉄などの輸送力は、どうだったのであろうか。

中央線緩行電車の場合、１９５７（昭和32）年から導入された１０１系10両編成を使っていたが、総武線が中野駅まで直通する電車もあり、これは72系８両編成だった。車種によって定員は若干異なるが、当時の国鉄は通勤形電車１両を１４０人（１０１系の場合、運転室付き車両は座席48人、立席88人、計１３６人、中間車両は座席54人、立席90

人、計１４４人）と概算しており、１編成あたり１１２０人となる。これをラッシュのピーク時には最短２分20秒間隔で運転しており、１時間あたり最大26本となる。これにより１時間あたりの片道輸送力は２万９１２０人、往復では５万８２４０人となる。

一方、地下鉄銀座線の場合、５両編成により２分～２分15秒間隔で運転されていた。１編成あたりの定員は６１１人、１時間あたり30本として、１時間あたりの片道輸送力は１万８３３０人、往復では３万６６６０人となる。

オリンピック観客の鉄道利用予測からすると、中央線緩行電車では輸送力に対して利用者が大幅に超過している。しかも開閉会式や競技終了後の引き上げ時間帯は、平日の場合、通勤・通学の帰宅客のピークとなる17～18時で、信濃町・千駄ケ谷両駅以外からの乗車も考えると相当な混雑になることが予想された。

そのため、中央線緩行電車では、編成を８両から10両に強化（運転間隔は２分30秒に調整）することになった。これにより１時間あたりの片道輸送力は３万３６００人、往復では６万７２００人となる。この時代、ラッシュ時は乗車率３００％を超える猛烈な混雑も日常的にあったが、せめて「体がふれあい相当圧迫感があるが、週刊誌程度なら何とか読める」状態とされる２００％ぐらいまで乗り込めば総輸送力は13万４４００人となり、何

明治公園中央会場周辺における鉄道輸送力（オリンピック開催時）

線名	編成	1編成あたりの定員	運転間隔	1時間あたりの運転本数	片道輸送力	往復輸送力	乗車率200％時の総輸送力
国電中央線	10両	1,400人	2分30秒	24本	33,600人	67,200人	134,400人
地下鉄銀座線	5両	611人	2分	30本	18,330人	36,660人	73,320人
合計					51,930人	103,860人	207,720人

とか対応できると判断されたのだ。

ただし、10両化は単純に車両を増やすだけでなく、線路施設や停車駅のホーム長さも10両対応としなければならない。ちなみに運転間隔を2分20秒から2分30秒へと拡げたのは乗降時間などのゆとりをとると共に、10両化に向けた車両調達などの制約調整もあったと思われる。

駅の改良はホーム延伸を中心として沿線各駅で行なわれているが、玄関口となる信濃町・千駄ケ谷両駅では、さらに改札、通路、ホーム増設などの改良も行なうことになった。

また、銀座線は地下鉄という構造の制約から編成両数を増やすのは難しく、さらに運転間隔も2分が限界だった。もっともオリンピック観客の地下鉄利用者は1万人少々と予測されていたので、現状でもある程度対応可能と判断された。ここでは最寄りとなる外苑前駅、さらには隣の青山一丁目駅で出入り口を改良するなどで対応することになった。

●当時も千駄ケ谷駅は大きく姿を変えていた

信濃町・千駄ケ谷両駅の整備に当たっては、両駅の利用者数の割り出しから進められた。明治公園中央会場の信濃町・千駄ケ谷両駅最寄りの出入り口は、信ノ町門、千駄ケ谷門、代々木門があり、各駅までの距離は表のようになっている。利用者は距離に反比例して流れると推定されるのだ。このほか、各門や歩道といった通路の幅員、さらには東京国際スポーツ大会および第3回アジア競技大会の実績などから、中央線利用者9万8400人のうち、千駄ケ谷駅は7万6750人、信濃町駅は2万1650人と予想された。

かくしてオリンピックの場合、千駄ケ谷駅への集中は避けられないと判断され、駅改良は当駅を中心に行なわれている。

残念ながら改良前の状況はわからないが、オリンピック開催時には改札口32口（うち2口は集札専用）、出札窓口13窓、自動券売機14台という規模になった。また、ホームは島式1本だったものを下り線の外側に臨時ホームを設置、上り電車は従来ホーム、下り電車は臨時ホームと使い分けることにした。

会場出入り口と各駅の距離

	信濃町駅	千駄ケ谷駅
信ノ町門	520m	680m
千駄ケ谷門	500m	370m
代々木門	940m	750m

明治公園周辺図

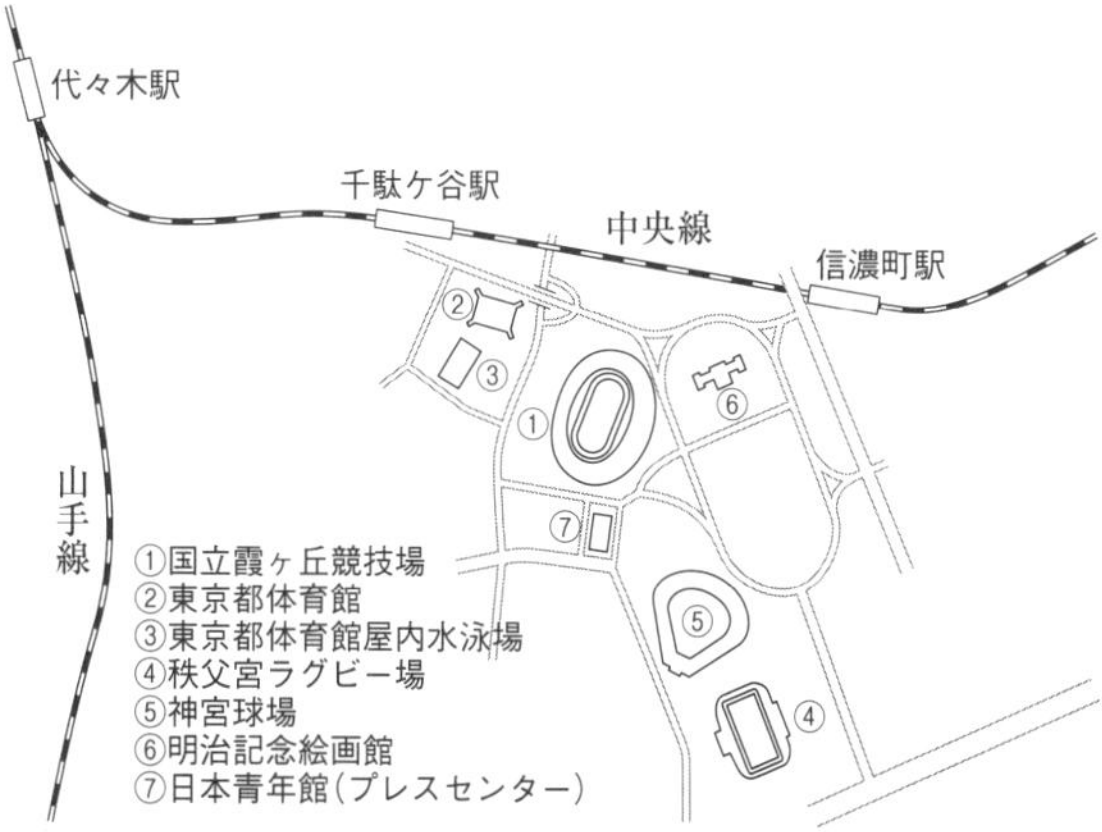

工事中の千駄ケ谷駅臨時ホーム。写真では、この時点ですでに臨時ホームがあり、延伸工事のように見える。1964年７月

千駄ケ谷駅改良工事図

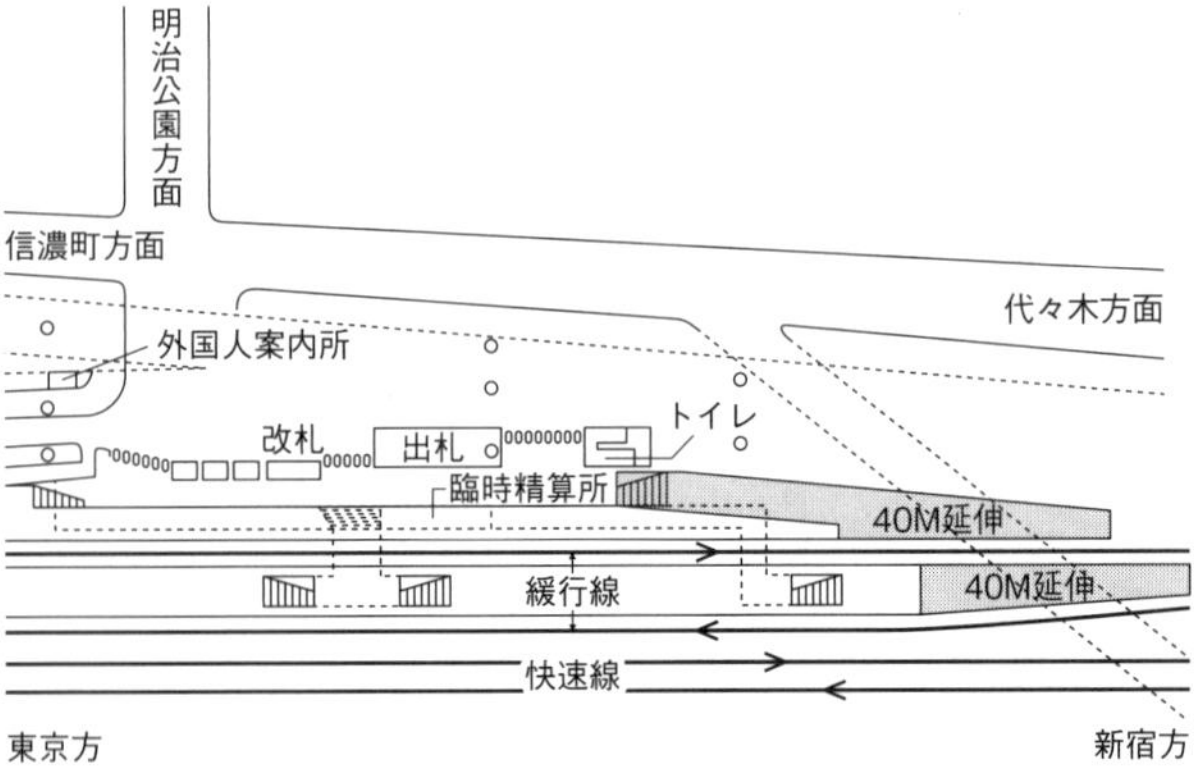

この臨時ホームの設置時期は不明だが、実はオリンピック開催時ではなく、前年に開催された東京国際スポーツ大会の時にはすでに使われていたようだ。実は従来ホームを10両編成化に合わせて新宿側に40メートル延長した記録があるが、ここに臨時ホームの40メートル延長も記載されている。

ともあれ、これによりホーム面積は上りホームで1600平方メートル、下りホームで1100平方メートルとなった。総工事費は4000万円とされている。

こうした整備により、千駄ケ谷駅の能力はどのようになったのだろうか。当時の国鉄はさまざまな研究から通過人員や収容人員の基礎単位を定めており、1分間あたり改札口（駅入場

54人、集札口（駅出場）60人、通路幅員１ｍ60人、階段幅員１ｍ54人、道路幅員１ｍ90人通過できるとしている。また、収容人員はホーム、駅前広場とも１平方メートルあたり３人としている。

この基礎単位で計算すると、改札口の１分あたりの通過人数は54人×30口で１６２０人となる。ただし、改札口からホームまでの通路や階段を通らねばならず、これは幅員から上りホームへは１分あたり５６７人、下りホームへは同４８６人とされた。つまり、改札口は余力があるものの、乗客をフルに通してしまうと通路で滞留が生じてしまうことになる。

また、千駄ケ谷駅から上下電車への乗り込みは東京国際スポーツ大会の実績が上り36％、下り64％だったことから、この比率を踏襲すれば先述の上り５６７人、下り４８６人ではなく、上り２７４人、下り４８６人となる。

さらに２分30秒間隔の運転なので、１電車あたり上り２７４人×２・５＝６８５人、下り４８６人×２・５＝１２１５人となる。ちなみにホームの収容人数は、上りホーム４８００人、下りホーム３３００人となり、ここでは十分な余裕があることになる。

なお、輸送量でみると１時間あたり24本なので、上りは２万１２４０人、下り２万

9160人で、合計5万400人。1時間半ほどで所定の観客をさばけることになる。

ここでネックとなった通路の滞留は、改札口の規制で対応することになるが、その結果、滞留は改札口前の駅前広場に移ることになる。ちなみに駅前広場の有効面積は869・4平方メートルで、ホーム同様1平方メートルあたり3人で計算すると約2600人収容できるが、各門の通過可能人数からするとやはり相応の混雑は避けられないとされている。これは改札規制や代々木・原宿駅などへの誘導で対応することになった。

なお、こうした対応は主に開閉会式や競技が終了したのちの退場時で検討されているが、入場については「東京国際スポーツ大会」でも開会4時間ぐらい前から三々五々入場していく傾向があり、大きな集中はないとされている。

●輸送のピークは閉会式のあった10月24日だった

観客輸送のピークとされた10月10日の開会式は、場内8万人、場外11万7000人、合わせて約20万人の人出があった。このうち、国鉄利用者は約半分の10万5000人となっている。オリンピック期間中、千駄ケ谷駅には輸送対策本部も設置され、国鉄の東京鉄道管理局営業部長らが詰めて陣頭指揮にあたった。10月10日には公安職員、助勤なども含めて千駄ケ谷駅２６９人、信濃町駅２０３人、代々木駅65人という体制で対応している。千駄ケ谷駅で見ると閉会式が開催された10月24日がピークで、信濃町駅と合わせて乗降人数は23万８０００人に達している。非常な混雑をきたしたが、適切な整理と誘導で無事この輸送を成し遂げている。

なお、千駄ケ谷駅では新宿御苑側の余剰地に広告看板が並んでいたが、これらは撤去され、ツツジとサルビアによる造園がなされた。オリンピックの会期中にサルビアの赤い花が彩りを添える計画だったが、運悪く直前に通過した台風で傷み、多くの花が散ってしまった。一方、ツツジは現在に続いて春の楽しみを提供している。

千駄ケ谷駅構内に設置された輸送対策本部。1964年10月10日

こうして千駄ケ谷駅は、１９６４（昭和39）年のオリンピックに向けて大改良されたが、オリンピック終了後、活用されることはほとんどな

開会式当日の千駄ケ谷駅。1964年10月10日

大勢の乗客で賑わう開会式当日の信濃町駅。1964年10月10日

かった。なお、臨時ホームは半ば遺構の形でそのまま残されていたが、２０２０年ではこの用地を使って新たな臨時ホームとして生まれ変わることになった。

大会期間中に運転された国鉄の臨時列車

●急行「オリンピア」や「聖火」も運転

オリンピック会場となる首都圏の列車増発は先述したが、それ以外に国内各地からの観客、またオリンピックに合わせて日本観光を楽しむ外国人向けの足としても国鉄では列車を増発している。

交通公社の国鉄監修『時刻表』昭和39年10月号に関連臨時列車が記載されているが、そのうちオリンピック期間に合わせて運転された主な列車は次のとおりだ。ここではオリンピック後も長く運転された列車は省略している。一方、この『時刻表』には掲載されていないが、『交通年鑑』などによると、このほかにも青森・仙台～上野間の臨時急行列車各１往復、長野～上野間の臨時準急列車１往復などが期間中毎日運転されたようだ。

オリンピック期間に合わせて運転された
国鉄のおもな長距離臨時列車

372A	こだま372号	静岡 7:30	東京 9:10	1・2等(全指)・ビュフェ	10/8〜25
3807M	準急「臨時たちばな」	東京14:17	熱海15:59	1・2等	10/10〜24（10/11.18除く）
3805M	急行「オリンピア」	東京17:43	熱海19:17	1・2等(全指)・食堂車	10/3〜25
3315M	準急「臨時東海」	東京23:10	大垣 7:45	1・2等	10/9〜24
3023列車	急行	東京22:30	下関20:39	1・2等	10/8〜25
3031列車	急行「聖火」	東京 9:18	熊本 8:27	1・2等	10/7〜25
3802M	急行「オリンピア」	熱海 8:40	東京10:35	1・2等(全指)・食堂車	10/3〜25
3808M	準急「臨時たちばな」	熱海17:20	品川19:08	1・2等	10/10〜24（10/11.18除く）
3314M	準急「臨時東海」	大垣20:57	東京 4:54	1・2等	10/9〜24
3024列車	急行	下関 8:39	東京 6:10	1・2等	10/8〜25
3032列車	急行「聖火」	熊本19:47	東京17:46	1・2等	10/8〜25
3403M	準急「臨時かいじ」	新宿10:00	甲府13:15	2等	10/5〜24（休日を除く）
3532M	普通	甲府15:08	新宿18:41	2等	10/4〜25
3505M	準急	東京 8:15	日光10:17	1・2等(全指)	10/3〜28、定期準急「日光」に併結
3503M	準急	横浜 9:27	日光11:59	1・2等(全指)	10/3〜28
3805M	準急「臨時日光」	上野12:44	日光15:15	1・2等(全指)	10/3〜11/4
3804M	準急「臨時日光」	日光10:27	上野12:21	1・2等(全指)	10/3〜11/14
3504M	準急	日光18:02	横浜21:18	1・2等(全指)	10/3〜28
2101D/3101D	急行「いいで」	上野 9:21	福島13:38	2等	10/6〜25、郡山〜福島間は3101D
3404D/2102D	急行「いいで」	山形13:17	上野19:49	2等	10/6〜25、山形〜福島間は普通列車

オリンピックに合わせて運転された151系臨時急行「オリンピア」。
1964年10月。撮影：星　晃

この『時刻表』で東京〜熱海間の３８０５Ｍ・３８０２Ｍと記されていた臨時急行は、「オリンピア」の列車名も掲げて運転されている。車両は１５１系こだま形特急電車が起用された。１５１系は国鉄初の電車特急向けに開発されたもので、１９５８（昭和33）年から東京〜大阪・神戸間の特急「こだま」などとして活躍していた。１９６４（昭和39）年10月１日の東海道新幹線開業で新大阪発着などの山陽特急に転じているが、２編成だけはそのまま東京の田町電車区に残され、「オリンピア」として運転されたのである。

また、横浜・東京・上野〜日光間の臨時準急３５０３Ｍ・３５０４Ｍ・３５０５Ｍ、そして「臨時日光」は１５７系日光形電車が起用された。１５７系は当初冷房なしの準急用として１９５９

157系で運転を開始した当時の準急「日光」。1960年２月

（昭和34）年に登場、東京〜日光間の準急「日光」などに起用されたが、車内設備が特急形と同等レベルだったこともあり東京〜大阪間の臨時特急「ひびき」としても運転するようになった。その後、冷房搭載改造が行なわれ、「ひびき」は定期特急化、１９６３（昭和38）年には「日光」用１５７系から１等車が抜かれ、「ひびき」編成に組み込まれている。１９６４（昭和39）年10月１日の東海道新幹線開業で特急「ひびき」も廃止されてしまったが、オリンピック向け運転にはこの「ひびき」編成が使われたようで、５本の日光臨時準急はいずれも１等車連結となっている。なお、オリンピック臨時運転がひと段落ついた同年11月１日から、この１等車連結１５７系編成は東京〜伊豆急下田・修善寺間の急行「伊豆」に転用されている。

このほか、東京～熊本間の臨時急行３０３１列車・３０３２列車は、「聖火」という列車名で運転された。直方《のおがた》高校２３０人、柳川高校７６４人、糸島高校４９７人、宮崎工業高校３４０人など、オリンピック見学を兼ねた修学旅行で活用されたそうだ。

●好評だった「日光」、不調に終わった「オリンピア」

さらに国鉄では、外国人観光客は熱海・箱根への宿泊が多いとみて、臨時列車設定だけではなく既存列車の指定席をこれらの地域に優先的に振り分ける調整も行なっている。東海道新幹線は、当時全車指定の12両編成で運転されていたが、熱海８～９時台出発の列車に対して熱海・小田原→東京間の乗客を優先的に座席確保できるように調整された。

在来線では、上り列車の東京９時59分着の「臨時いでゆ」、同10時40分着の「第１いでゆ」で座席を優先的に確保できるように調整したほか、下り列車では東京16時00分発準急「湘南日光」、18時30分発特急「あさかぜ」、19時05分発特急「富士」で座席を優先的に確保できるように調整している。当時の「あさかぜ」「富士」は20系客車で運転される寝台特急だったが、「あさかぜ」は１・２等車の座席車を１両ずつ、「富士」は２等車のみ１両連結していた。

1963年から導入された小田急ロマンスカー3100形

このように万全の態勢を敷いた国鉄だったが、「臨時日光」が乗車率80～90％と好調だっただけで、「聖火」など大半の列車は平均乗車率50％以下に留まった。特に厳しい結果となったのは「オリンピア」で平均10％だった。国鉄では宣伝が足りなかったことを反省点としているが、熱海への外国人観光客が予想以上に少なかったことが、特に「オリンピア」や「こだま」不振の理由としている。

なお、私鉄では小田急が、平日の新宿～箱根湯本間に下り1本、上り4本、新宿→小田原間に下り1本、休日の新宿～箱根湯本間に特急3往復を増発した。同社の特急は「ロマンスカー」の愛称でも知られ、1957（昭和32）年からSE車こと3000形で運転されてきたが、1963（昭和38）年からNSEこと3100形の導入も始まり、オリンピック時点では４編成が竣工していた。増発列車には３１００形を優先するかたちで新旧特急車両が活躍した。なお、新宿駅立体化竣工も１９６４（昭和39）年だった。

駅や列車内における外国人利用客への対応

●国鉄職員３２００人に英会話教育

国鉄では、オリンピックの１年前ごろから本社職員局と外務部が中心となって全国的に英会話ができる職員の養成を進めてきた。英会話教育を受けた職員は３２００人にもおよんでいる。このほか『交通新聞』にも、国鉄外務部による「現場の英会話」という連載も行ない、特に鉄道で使われる英会話の習熟に努めている。

本番が近づいた１９６４（昭和39）年６月29日、全国から選りすぐった職員21人を本社に集め、英語研究会も実施している。講師として日米交換教授制度で東大講師となっていたＥ・Ｂ・リー博士や国鉄外務部嘱託のＪ・Ｗ・ヒギンズ氏ら数名のアメリカ人が招聘され、模擬演出による鉄道英会話などの実習が行なわれている。さらに外国人向けの観光バ

信濃町駅頭で外国人利用客の案内を行なう国鉄職員。1964年10月10日

スに乗車、一般外国人観光客と混乗しての訓練なども行なわれた。

ちなみに講師の一人となったJ・W・ヒギンズ氏は、1927（昭和2）年、アメリカ・ニュージャージー生まれ。ミシガン大学卒業後、アメリカ空軍などに勤務。1956（昭和31）年、在留米軍軍属として来日、以後も数次にわたって日本を訪問滞在していた。実は大の鉄道ファンで日本滞在中は全国の鉄道をめぐり、その情景をカラー写真に撮ってきたことでも有名だ。こうした縁から当時は国鉄の仕事を手伝い、民営化後はJR東日本の国際部顧問も務めている。

こうして鉄道英会話の訓練を受けた職員は、外国人利用者の多い駅に配属されたが、さらに東京・横浜・新宿・上野・渋谷・信濃町・千駄ケ谷の7駅には10月1日から31日に特設の外国人旅客案内所も設けられた。ここでは中央鉄道学園の学生も応援するかたちで案内にあたっている。このうち、東京駅の案内所にはテレフォンセンターも併設され、電話による対応にも備えた。ちなみに「外国人との接客で質問内容が理解できない場合、無責任な対応をせず、会話の堪能な職員に代わってもらうかテレフォンセンターに連絡して会話のできる職員に案内してもらう」などといった通達まで出されている。

こうした外国人旅客案内所は好評を得たことから、東京駅など一部の案内所はオリンピック終了後も残され、現在の案内所の前身となっている。

●１億円以上をかけてトイレも改修

また、国鉄主要駅ではそれまで縦書き中心だった発車時刻表を横書きに改め、さらにきっぷ売り場からホームまでの英文を併記した誘導案内標、各ホームから出る列車や時刻を示す英文併記の発車標なども準備した。このほか、新幹線や特急の車掌も英会話訓練を受けた職員を優先的に乗務させている。

こうした取り組みは国鉄だけでなく、都内の私鉄では9駅に外国人専用の案内所を設置、また営団地下鉄は主要30駅で英語による案内放送を実施した。

また、国際観光振興会も英語・日本語を対照併記した英会話テキスト8万部を作成、外

東京駅のホームに掲出された英文併記の発車標。1964年7月

国人客に無料配布している。

このほか、当時の日本のトイレは都市部のビルで水洗式が導入されていたが、東京でも民家をはじめ大半は汲み取り式が一般的だった。鉄道駅も汲み取り式が主流で、オリンピックに向けてこの改善も行なわれている。その結果、首都圏では1964（昭和39）年9月末までに水洗56駅、水洗・汲み取り併用21駅となった。

また、東京駅丸の内南口、上野駅待合室、新宿駅本屋地下1階、横浜駅本屋口待合室の4カ所には、国鉄初となる有料トイレ（使用料50円）も設置されている。トイレ内はタイル張りで、男性用は薄いブルー、女性用はピンク。冷暖房完備、温水も使用でき、トイレットペーパー、石けん、ペーパータオルが備え付けとなっていた。ここまでは現在の標準的なトイレサービスだが、さらにロッカーやサロン風の休憩室も設置されていた。

こうしたオリンピックに向けた国鉄駅トイレの改善費・有料トイレの新設費は合わせて１億２０００万円となっている。

●運輸大臣が奨励した「五輪期間中の左側通行」

また、変わったところでは、駅構内を左側通行と再徹底したのもオリンピックがきっかけだった。日本では武家時代の伝統もあって、元々人は左側通行が原則となっていた。さらに明治期、鉄道技術の多くは左側通行だったイギリスから導入されたため、それに習って左側通行が踏襲された。一方、終戦後のGHQの指導により右側通行となった。戦後急速に増えた自動車と安全に共存するため「車は左、人は右」の対面通行が良いとされたのである。これにより駅構内も右側通行とするケースが増え、駅によって通行の方法が異なるという事態になっていたのである。

ただし、多くの駅は左側通行時代に建設され、機能的にも左側通行の方が理にかなっているケースが多かった。オリンピック直前に閣議決定、９月11日付で松浦周太郎運輸大臣から「五輪中の駅構内は左側通行」を原則として対応する旨の発表がなされている。

また、松浦運輸大臣はその１週間後に「五輪中の列車内募金行為を取り締まる」旨の談話も出している。実はこの時代、戦争による傷痍軍人、あるいはそれを装う者が募金を受ける行為がごく普通に見られた。大臣は「こうした姿は国の恥」として体裁の整えにも躍起となっていたのである。

●当時も行なわれていた協賛広告の掲出

オリンピックに向けて鉄道広告の規制も行なわれた。当時の国鉄では自己の資産を有効活用する視点から車船内および駅施設などを広告掲示の媒体として提供していた。媒体としての価値は高く評価され、得られる収益も多かったが、国鉄は受け身の姿勢で対応していたこともあり、鉄道掲示類との調整がとれない、あるいは美観を損ねるといった問題もあった。さらに鉄道用地外の野立看板や野外広告は屋外広告条例の規制を受けているにも関わらず、無秩序に掲出される例が多かった。

そこで国鉄ではオリンピック大会を目標に鉄道広告の浄化をめざし、1960（昭和35）年には国鉄本社から各管理局宛に「鉄道広告の浄化について」という通達を出した。また、建設省とも打ち合わせを行ない、同省から都道府県宛に同様の通達が出されている。

この先鞭をつけたのは、明治公園会場付近の信濃町・千駄ケ谷・代々木・原宿・渋谷駅で、オリンピック開催前の広告全廃をめざして逐次撤去されていった。これにより当時の東京鉄道管理局管内では１０００面もの鉄道広告が撤去されたとされている。

こうして違反広告を中心に撤去を進める一方、１９６３（昭和38）年には駅施設などに掲出する広告の基準を示す「鉄道広告掲出基準」を定め、広告の質的向上をはかっている。さらに同年、鉄道弘済会全額出資で広告媒体管理のアド・メディア・センターを設置、新幹線各駅の広告などを管理させた。オリンピック後には活動範囲を拡げた東京メディア・サービス（現・ＪＲ東日本メディア）も誕生し、この時代から広告媒体としての国鉄のあり方が大きく変わっていったのだ。

なお、オリンピック開催の際、大会運営資金の調達に協力するため、オリンピックマークを表示した協賛広告に対しては、広告料金を所定の最大5割引とし、その割引相当額を財団法人東京オリンピック資金財団に納入している。この協賛広告は東京国電および大阪国電の中づりポスターなどとして掲示され、実施期間中の１９６１（昭和36）年９月から１９６４（昭和39）年10月までに８７００万円を集めている。

海外諸都市を経て国内へ　聖火のリレー

●オリンピアから海外12都市を経由して沖縄へ

近代オリンピックでは、ギリシャから聖火を開催地に届け、開催国内のリレーによって開会式会場へとつなげるシンボリックな儀式が行なわれる。聖火を掲げることにより、平和・団結・友愛といったオリンピックの理想を示しつつ、オリンピックへの関心と期待を呼び起こす狙いがある。

１９６４（昭和39）年の東京オリンピックでは、大会開催の50日前となる８月21日にギリシャのオリンピア・ヘラ神殿で採火式が行なわれた。

それに先立つ８月14日には日本の羽田から聖火空輸の特別機が飛び立った。機材には日本航空のダグラスＤＣ－６Ｂが採用され、機体には東京オリンピックのシンボルマークや「City of Tokyo」の文字も掲げられていた。

ＤＣ－６Ｂは１９５４（昭和29）年２月の国際線定期便運航開始に向けて、日本航空が導入した１９５０年代の国際線主力機で、レシプロエンジン４発のプロペラ機だった。同社はチャーター１機を含め計10機を保有していたが、１機ごとに東京、京都、奈良といった日本の都市名が愛称として付けられている。東京号ことCity of Tokyoは同社ＤＣ－６Ｂの１号機となる「ＪＡ６２０１」だった。聖火空輸にあたり、機内中央の座席15席が取り外され、縦１１４×横１０９×高さ69センチの聖火台が取り付けられていた。

21日に太陽光から採火された聖火はギリシャ国内をリレーされ、23日にアテネから出発した。燃える火を航空機内に持ち込むことは航空法で禁止されているため、空輸の際はオリンピック組織委員会が開発した炭坑用カンテラを元にしたトーチランプ式聖火灯が使用されている。東京号は巡航時速４５０キロという速度で、イスタンブール、ベイルート、ニューデリー、バンコク、マニラ、香港、台北など12都市を歴訪、９月７日には当時アメリカ合衆国の統治下にあった沖縄の那覇に到着した。

●国産旅客機ＹＳ－11で那覇から鹿児島・宮崎・千歳へ

ここで沖縄本島内をリレーされ、９日には鹿児島に向かって再び空を飛んだ。今度は戦後初の国産旅客機ＹＳ－11が使われている。

ＹＳ－11は官民共同の特殊法人・日本航空機製造（ＮＡＭＣ。１９５９年創立、１９８２

年解散）によって製造されたターボプロップエンジンの双発プロペラ機で、１９６２（昭和37）年に試作２機が完成している。その後、試験飛行が行なわれ、東京オリンピック開催直前の８月25日に運輸省航空局の型式証明が発行された。そこには聖火輸送に使い新型旅客機の完成をＰＲしたいという関係者の想いも込められている。ただし、万が一の事態に備え、フォッカーＦ－27フレンドシップが準備されていたそうだ。

聖火輸送にはＹＳ－11の試作２号機「ＪＡ８６１２」が使われた。当時、量産機は登場しておらず、まだ日本航空機製造所有だった機材を９月９日付けで全日本空輸にリースする形で使用されている。機材の塗色はすでに全日本空輸色になり、機体には東京オリンピックのシンボルマークと「ＹＳ－11」の文字が掲げられていた。また、機内では日本航空の東京号同様、一部の座席を取り外して聖火台が取り付けられた。

運航を担当する全日本空輸では事前に操縦士２名の訓練を実施、８月下旬にはＹＳ－11限定免許を得ていた。さらに日本航空機製造の操縦士１名および整備士３名が便乗して聖火空輸にあたっている。先述のように当時の沖縄はアメリカ合衆国の統治下だったため、聖火空輸のための回送運航も一旦、鹿児島空港に立ち寄り、乗務員や便乗関係者の出国手続きが行なわれた。

こうして９月９日に聖火は那覇から鹿児島（旧空港）へ運ばれ、さらに分けた聖火は宮崎、そして千歳へも運ばれた。聖火は日本国内の都道府県をくまなくめぐるため、４つのコースに分かれて東京をめざしたのだ。

なお、聖火輸送に活躍した試作２号機は９月11日に日本航空機製造に返却されたが、翌年から日本国内航空（東亜国内航空、日本エアシステムなどを経て日本航空に統合）で「聖火」の愛称も掲げて運航されている。一方、聖火輸送を担当した全日本空輸も１９６５（昭和40）年からＹＳ－11を正式採用、のべ30機を導入して１９９１（平成３）年までローカル線を中心に日本全国で使用した。同社では聖火輸送に因み、ＹＳ－11には「オリンピア」の愛称が付けられている。

●津軽海峡は青函連絡船の「津軽丸」で運ばれた

北海道の千歳空港に着いた聖火は札幌など道内をめぐり、９月17日には函館へと到着した。当時、青函トンネルはなく、北海道と本州は航路および空路によって結ばれていた。

そこで函館から青森へは、国鉄の青函連絡船で運ばれることになった。

国鉄では１９６４（昭和39）年５月10日から本格就航していた新鋭船「津軽丸型」の第

函館港に入港した竣工直後の「津軽丸」。1964年4月12日

1号船「津軽丸」をこれに充てることにした。総トン数８２７８・６６トン（のちに規程改正で５３１９・７１トン）、全長１３２メートルという車載客船で、旅客定員１２００名、車両はワム（有蓋貨車）換算48両の積載が可能だった。

９月17日は函館発上り１０６便の出航時刻を50分遅らせて９時ちょうどの１１０６便として運航、ここに聖火ランナーが乗り込んだ。聖火は船内のプロムナードデッキで津軽海峡中央部を航行中、函館のランナーから青森のランナーに託された。そして青函間を３時間50分で航行、青森には１０６便の定刻12時50分に到着している。

この時代の青函連絡船は青函間を４時間半ほどで結んでおり、この１１０６便の速度は驚異的な速さだった。以前の船の航海速力はおおむね14・５ノット（時速約28キロ）だったが、津軽丸型では18・２ノット（時速約35キロ）とスピードアップ、その能力をいかんなく発揮したのである。のち青函連絡船の車載客船が津軽丸型に揃ってからは３時間50～55分が基本的な所要時間となっている。

聖火は青森からは太平洋側および日本海側に分かれ、それぞれ東京へと向かった。

こうして聖火は日本国内を合計６７５５キロ、４３７４区間でリレーされ、10月７～９日に東京都庁に到着した。聖火ランナーは正走者１名、副走者２名、随走者20名以内で編成され、参加走者総数は10万人を超えている。

都知事室に安置された聖火は10月９日夜、皇居二重橋前で行なわれた集火式で合火され、翌朝の10月10日開会式当日、国立競技場へリレーし、聖火台に点火されたのだ。

聖火リレーのコース

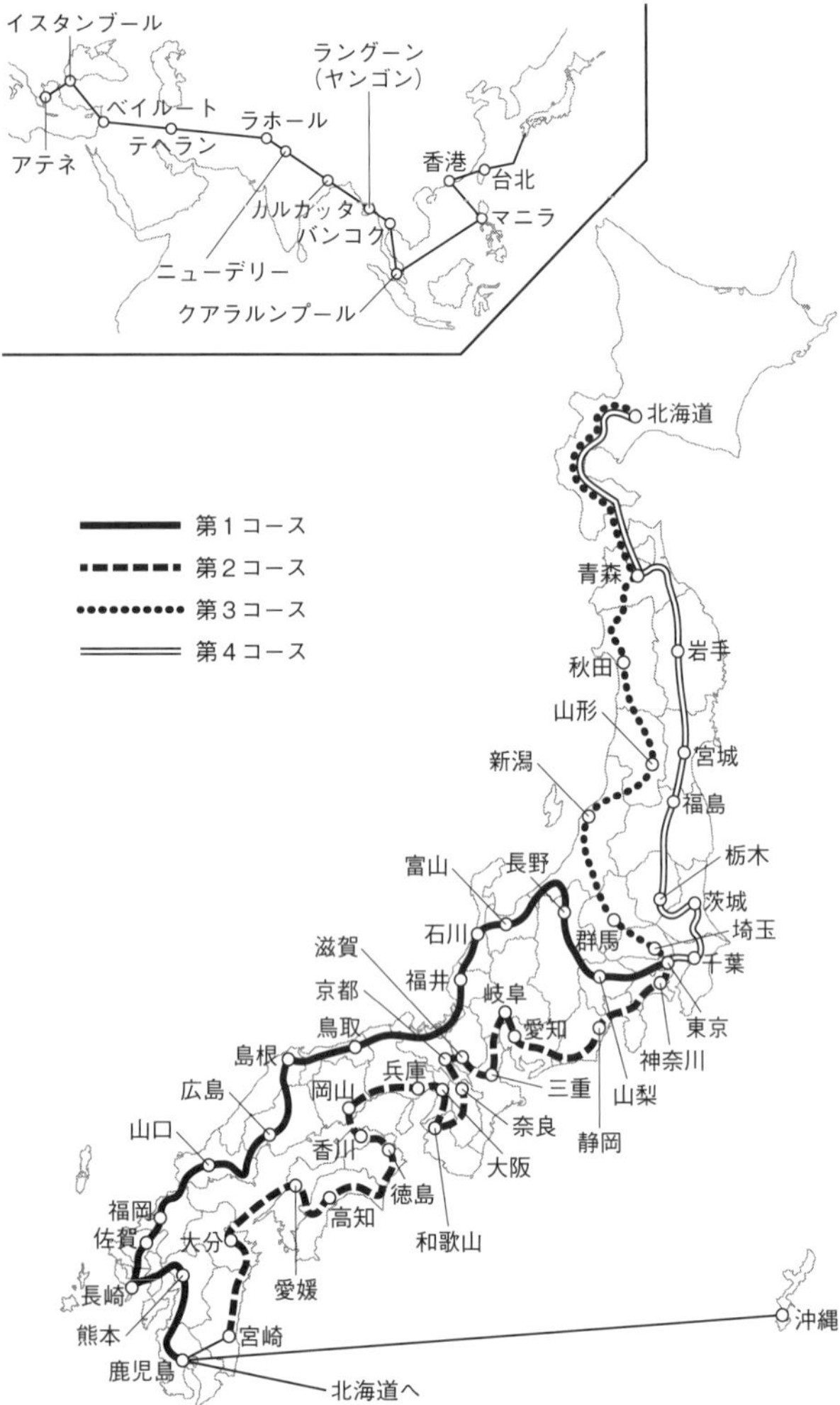
イスタンブール
アテネ
ベイルート
テヘラン
ラホール
ニューデリー
ラングーン
(ヤンゴン)
カルカッタ
バンコク
クアラルンプール
香港
台北
マニラ
第１コース
第２コース
第３コース
第４コース
北海道
青森
岩手
秋田
山形
宮城
新潟
福島
栃木
茨城
埼玉
千葉
東京
神奈川
群馬
山梨
静岡
長野
富山
石川
福井
岐阜
愛知
三重
滋賀
京都
奈良
大阪
和歌山
兵庫
鳥取
島根
岡山
広島
山口
香川
徳島
高知
愛媛
福岡
佐賀
長崎
熊本
大分
宮崎
鹿児島
北海道へ
沖縄

東京オリンピックときっぷ

●新幹線から始まったきっぷ販売方式の革新

１９６４（昭和39）年の東京オリンピックを機に大きく変わったもののひとつが、国鉄のきっぷ、特に指定券の販売方式だった。

国鉄では明治時代から指定席制度を取り入れているが、当初は指定席列車の運転本数も少なかったことから停車各駅に指定券をあらかじめ割り当てておき、さらに座席の場合は号車まで指定する定員制のような対応で処理されていた。

戦後の１９４９（昭和24）年に特急列車が復活、指定券の発行も増えていく。そこで翌年には東京および大阪に専門の部署を設け、ここに台帳を置いて一括管理するようになった。台帳は回転台に収納され、駅窓口などから電話を受けて記入していく方式である。当時は1日12列車、指定数も２０００余りだったので、こんな方式でも対応できたのだ。

その後、この台帳方式を基本とした乗車券センターが札幌・仙台・東京・名古屋・金沢・大阪・広島・門司に設けられ、全国どこの駅でも指定券の発券ができるようになった。

しかし、1960（昭和35）年になると、指定付きの列車本数は180本、指定数は3万4000におよび台帳方式の限界になった。そこで国鉄は同年から東海道本線の電車特急2往復でコンピュータによる管理方式を「マルス1」（MARS／Multi Access seat Reservation System）として試行、その成果を経て本格的なシステム開発に入った。

そこには東京オリンピックをめざして開業準備が進められていた東海道新幹線があった。当初は「ひかり」「こだま」を合わせて計60本。すべて指定席として運行され、編成あたりの座席数は1等（現・グリーン車）132人、2等（現・普通車）855人で合計987人。単純計算で新幹線だけでも5万9220人分の座席を管理しなければならなくなるのだ。さらに当時の国鉄では第2次5カ年計画で列車本数の拡大をめざしていた。それを盛り込み1日あたりの指定数は約9万と想定、これに対応するシステムが目標とされた。

こうして誕生したのが「マルス101」だった。当初の処理能力は1日3万座席だったが、1964（昭和39）年3月から端末83台で稼働された。運用開始間もない4月9日の『交通新聞』には「切符探しに僅か0・5秒　すばらしい電子頭脳の威力」と題した記事が大きく掲載されている。またその後に「大会社の買占めとダフ屋追放」という記事もあ

東京駅八重洲口に開設された「みどりの窓口」。1965年9月24日

り、入手困難だった指定券事情が大きく改善したことが読み取れる。東海道新幹線が開業した同年10月には端末が１７３台と大きく増え、さらに有効なシステムとなっていく。

ただし、国鉄全体からすれば端末はごくわずかで、マルス活用率は１割に過ぎず、大半の駅では依然として電話中継による乗車券センターとの手作業による発券を続けている。

これは翌年10月のダイヤ改正に合わせて端末を一気に４６７台にまで増やし、全国１５２駅および日本交通公社79支店に専用窓口を設けた。ここで国鉄駅に設置されたのが「みどりの窓口」である。ここでようやく本格的なシステム稼働となった。なお、マルスは時代と共に進化を続け、現在ではＪＲに引き継がれてのちに開発された「マルス501」が活用されている。

●特殊往復乗車券もあった東京オリンピックのきっぷ

東京オリンピック開催時、電車やバスの利用は必ずきっぷ（乗車券）の所持が義務づけられていた。硬券や軟券と呼ばれる紙製のきっぷである。多数の乗客が利用する駅では、その発券・改札・集札が大きな手間となった。

例えば、会場最寄りの千駄ケ谷駅では、集札専用出口2カ所を含み32口の改札口が設置された。さらに帰路のきっぷ発券用に出札窓口13窓、自動券売機14台が備えられた。ただし、これでも相当な混雑が予想され、国鉄ではオリンピック期間中、周辺駅から信濃町・千駄ケ谷・代々木駅への「オリンピック特殊往復乗車券」が発行されている。

これは乗車駅から表示3駅のどこでも利用できるもので、下車時はきっぷを改札口で呈示することで下車できた。帰路の乗車は下車駅に関わらず表示3駅のどこでも入場できるというものだった。往復乗車券だが、特別な割引はなく、販売価格は片道運賃の2倍となっている。この時代も東京電車区間の乗車券の有効期間は1日となっていたが、この往復乗車券は律儀に2日となっている。ただし、裏面に「往路　途中下車無効」「復路　下車前

東京都交通局が発売した記念乗車券

途無効」の注意書きが入り、途中下車ができたわけではない。

興味深いのはきっぷの表側にオリンピックの五輪エンブレムを赤であしらったデザインとなっていること。きっと利用者もオリンピック観覧の記念品にしたことだろう。この時代もきっぷは下車時に回収されていたが、このきっぷはそのまま提供したようだ。今でも古きっぷ市場で入鋏済みのオリンピック特殊往復乗車券が取引されている。

なお、東京オリンピックでは記念きっぷも準備され、国鉄（急行券）、東京都交通局、横浜市交通局、大阪市交通局、相模鉄道などから各種発売されている。

第2章

1972年　札幌

「札幌オリンピック」の開催

●東京と共に幻に終わった札幌オリンピック

１９７２（昭和47）年２月３日から２月13日まで北海道の札幌にて「第11回オリンピック冬季競技大会」が開催された。

冬季オリンピックとしては、日本そしてアジアでも初めての大会である。

しかも、幻に終わった１９４０（昭和15）年の東京オリンピックと共に、冬季の札幌オリンピック開催も決定していた。実は当時の社会情勢を考慮して東京および札幌の両オリンピックを合わせて返上していたのである。こうした歴史もあり、札幌オリンピックを迎える関係者の期待は大きかった。

実際、札幌は１９６４（昭和39）年の東京オリンピック開催が決まったのち、それに続くかたちで名乗りを上げたが、残念ながら１９６８（昭和43）年の冬季大会は逃してしまった。それにめげることなく１９６６（昭和41）年のＩＯＣ（国際オリンピック委員会）総会にて再度熱烈なアピールを行ない、ここで１９７２年の開催が決まったのである。この総会では、役員だった高石真五郎は病気のため出席を断念しているが、彼の声明は録音にて披露され、それが功を奏したというエピソードも残っている。

東京オリンピックは、戦後の日本が迎えた高度経済成長期の真っただ中に開催されたが、札幌オリンピックもその成長期にかけて開催されることになった。東京オリンピックの翌年から始まった「いざなぎ景気」は大阪万博の開催された1970（昭和45）年に一息ついているが、まだ景気は右肩上がりを維持していた。ただし、札幌オリンピック直前に1ドル360円の固定相場が1ドル308円に変更、さらに札幌オリンピックの翌年に変動相場制に移行する。また、同年末にはオイルショックも起き、景気は一気に冷え込んでいく。結果的に高度経済成長期の最後を飾る大きなイベントとなったのである。

●歓喜に沸いた「日の丸飛行隊」

札幌オリンピックの会場は、札幌市南区（オリンピック開催の約2カ月後、札幌市は政令指定都市に移行して南区が誕生）の真駒内《まこまない》に選手村を置き、その周辺および市内各地、さらに千歳市と恵庭《えにわ》市の市境に位置する恵庭岳西麓に用意された。ちなみにメイン会場となった真駒内地区は、札幌駅から南へ10キロほどの位置にある。ここに35の国と地域から

札幌オリンピック（1972年）の競技会場

会場名	競技種目	場所（地名は現在名）
真駒内スピードスケート競技場（現：真駒内セキスイハイムスタジアム）	開会式、スピードスケート	札幌市南区
真駒内屋内スケート競技場（現：真駒内セキスイハイムアイスアリーナ）	閉会式、フィギュアスケート、アイスホッケー	札幌市南区
美香保屋内スケート競技場	フィギュアスケート	札幌市東区
月寒屋内スケート競技場	アイスホッケー	札幌市豊平区
真駒内クロスカントリー競技場	クロスカントリー	札幌市南区
宮の森ジャンプ競技場	スキージャンプ70m級	札幌市中央区
大倉山ジャンプ競技場	スキージャンプ90m級	札幌市中央区
恵庭岳滑降競技場	滑降	千歳市
手稲山回転競技場	回転	札幌市手稲区
手稲山大回転競技場	大回転	札幌市手稲区
真駒内バイアスロン競技場	バイアスロン	札幌市南区
手稲山ボブスレー競技場	ボブスレー	札幌市手稲区
手稲山リュージュ競技場	リュージュ	札幌市手稲区

＊The official report of the XIth Olympic Winter Games, Sappro 1972を元に作成

男子８０１名、女子２０５名、合わせて１００６名の選手が参加した（ＩＯＣによる）。大会役員は５２７名となり、前後の冬季オリンピックとほぼ同じ規模で行なわれている。また、観客動員数は、入場券で計算すると国内約60万６０００枚、海外約３万５６００枚が販売されており、払い戻しを差し引いて60万人程度とされている。ちなみに６競技35種目の入場券は国内海外を合わせて約90万枚発行されている。

競技では、スキージャンプ70メートル級で、笠谷幸生が１位、金野昭次が２位、青地清二が３位となり、日本人が表彰台を独占したことが特筆される。日本のメダルは彼らの金銀銅１個ずつとなったが、その活

札幌オリンピック競技会場位置図

札幌小樽道路
手稲
函館本線
国道5号線
新札幌道路
丘珠空港
▲手稲山
①手稲山回転競技場
②手稲山大回転競技場
③手稲山ボブスレー競技場
④手稲山リュージュ競技場
⑤美香保屋内スケート競技場
北24条
琴似
桑園
札幌
苗穂
豊平川
さっぽろ
国道12号線
すすきの
東札幌
白石
中島公園
⑥大倉山ジャンプ競技場
⑦宮の森ジャンプ競技場
月寒
千歳線
▲藻岩山
地下鉄南北線
国道36号線
選手村
真駒内
札幌千歳間道路
▲恵庭岳
支笏湖
千歳空港
⑧月寒屋内スケート競技場
⑨真駒内スピードスケート競技場
⑩真駒内屋内スケート競技場
⑪真駒内クロスカントリー競技場
⑫真駒内バイアスロン競技場
⑬藤野リュージュコース
⑭恵庭岳滑降競技場

躍から日本のジャンプ陣は「日の丸飛行隊」のニックネームで親しまれるようになった。このほか、フィギアスケートで「銀盤の妖精」と呼ばれたアメリカのジャネット・リンの笑顔も世界中の人々を魅了したのである。

オリンピック開催当時の札幌

●オリンピックの年に政令指定都市へ

現在の札幌市は、197万人（2020年1月現在）もの人口を擁し、全国の都市では5番目の規模を誇っている。札幌市ではオリンピック直前の1970（昭和45）年に人口が100万人を突破、オリンピックが開催された1972（昭和47）年の4月1日には川崎市や福岡市と共に政令指定都市へ移行している。

札幌が北海道の拠点とされるのは、当地に開拓使が置かれた1869（明治2）年あたりからだ。ただし、この時代は道南の函館（箱館）が北海道の玄関口となり、町の規模も札幌よりはるかに大きかった。その後、札幌は徐々に成長、1922（大正11）年に市制を施行するに至る。１９４０（昭和15）年には札幌市の人口が20万６１０３人を数え、函館市の人口（当時20万３８６２人）を初めて上まわった。以降、北海道の都市人口第１位の地位を保ち続けているのだ。

このころから札幌市は近隣町村との合併や編入によって市域を拡大し、比例して人口も増えていく。戦後の１９５０（昭和25）年には市の面積が約１３３平方キロとなり、人口も30万台になった。１９６１（昭和36）年には豊平町と合併で面積は１０００平方キロの大台に乗り、人口も60万台となった。その後、人口は毎年５万人ほど増え続け、１００万台に入って札幌オリンピックを迎えることになった。

市域の狭かった昭和初期、札幌市の人口密度は現在の名古屋市を上まわる７０００人台を示したこともあるが、先述の市域拡大で札幌オリンピックの１９７２（昭和47）年は９８３人にまで下がった。これは古くから札幌市となっていた中心部への人口集中を物語るものでもある。

●気動車も走っていた札幌の路面電車

市の中心部は、開拓使により60間（約１００メートル）四方の碁盤の目に整然と区画さ

かつて札幌市電で走っていた路面気動車のD1020形。1964年5月

れ、現在もこれがまちづくりの基本となっている。まちの玄関口となる札幌駅の設置も1880（明治13）年と古く、1905（明治38）年には現在の函館本線となる函館〜札幌〜旭川間も全通している。

また、市内の交通は明治時代に馬車鉄道として始まった。1918（大正7）年には札幌電気軌道として電車運行を開始、市制施行後の1927（昭和2）年に市営化されて札幌市電（札幌市電気局）となった。それから3年後には市営バスの運行も始まっている。

札幌市電となった時代の路線は約16キロだったが、少しずつ延伸を重ねて1964（昭和39）年ごろは最長の約25キロとなっている。最後に延伸された新琴似駅前に通じる路線は、設備投資の軽減を目的として非電化とされ、日本では珍しい路面気動車によって運行されている。ただし、この非電化区間は徐々に電化され、３年後には全線電化された。

１９６０年代、東京など多くの都市で路面電車が渋滞の元凶とされ、その廃止や代替交通機関への転換が進んだ。札幌市も同様に都市交通を見直す動きが始まり、路面電車全廃という方向に進んでいく。ちょうど新琴似駅前への市電延伸時期で、延伸区間への設備投資軽減は、近い将来を見据えた措置だったともいえる。

路面電車の代替交通機関としては、札幌市では積雪という問題もあり、地下鉄建設をめざした。ここではゴムタイヤ式車両というアイディアも出され、１９６４（昭和39）年から札幌市交通局独自で本格的な実験も始めている。

●地下鉄の両終着駅が競技会場の最寄り駅に

こうした状況のなか、１９６６（昭和41）年に１９７２（昭和47）年の札幌オリンピック開催が決まる。これが大きな推進力となって地下鉄建設が具体化し、１９７１（昭和46）年12月16日に北海道初の地下鉄となる南北線北24条～真駒内間が開業した。

終点の真駒内駅はオリンピックのメイン会場への玄関口となり、反対側の終点となった北24条駅はフィギュアスケートの競技会場となった美香保《みかほ》屋内スケート競技場が徒歩10分という位置にあった。地下鉄南北線は国鉄札幌駅や札幌市内からの重要なアクセスルートとなったのである。

一方、路面電車の札幌市電は、1971（昭和46）年10月1日から数次にわたって廃止が続いた。先述の一部が非電化で全通した鉄北線（札幌駅前～新琴似駅前間）は地下鉄南北線の開業で札幌駅前～北24条間を廃止、残りの区間も1974（昭和49）年5月1日に廃止されている。結局、最後に開通した麻生《あさぶ》町～新琴似間は10年足らずの運行で廃止されてしまったことになる。

なお、オリンピック翌年の1973（昭和48）年にはオイルショックが勃発、これを契機に札幌市では路面電車を環境に優しい乗り物と見直して廃止政策を中止、残った路線をC字形に結び、すすきの～西4丁目間8・5キロで運行を続けることになった。以来40年以上、この形態での運行が続いたが、2015（平成27）年12月20日には西4丁目～狸小路～すすきの間をつなげて環状線8・9キロとして周回運転するようになった。ちなみに札幌市ではこれを「ループ化」として案内している。

千歳線の旧ルート上にあった東札幌駅の貨物ヤード。1966年8月

●旧ルートで運行していた千歳線

　また、札幌オリンピック開催時、国鉄の千歳線は北広島〜苗穂間を旧ルートで運行していた。これは現在の上野幌《かみのっぽろ》駅付近で西に大きくカーブ、新札幌駅や平和駅を通らず南郷通の南側を並行するルートで進み、地下鉄東西線の東札幌駅付近で90度北向きにカーブ、白石〜苗穂間で函館本線に合流して札幌駅へと向かうものだった。この旧千歳線の途中にあった月寒《つきさっぷ》駅は、アイスホッケー試合会場となった月寒屋内スケート競技場の最寄り駅で、当線も観客のアクセスにも使われた。

　なお、この時代の千歳線と函館本線の合流点は、函館本線の上り側、下り側の両方に進める三角線となっていた。これは１９６８（昭和43）年10月に札幌貨物ターミナル駅の前身となる新札幌駅（現在の新札幌駅とは別の駅）が誕生、貨物列車の運行に欠かせない千歳線との連絡をスムーズにするために設けられたものだ。

千歳線の現行ルートへの切り替えは、札幌市の新札幌副都心計画に合わせて行なわれたもので、同時に急カーブの続く線形を改める意味合いもあった。新線の工事はオリンピック期間中も行なわれており、１９７３（昭和48）年９月９日に切り替えられている。旧ルートの大半はサイクリングロードとなっているが、三角線は一般道となり、函館本線の列車内からでも往年の姿を想像することができる。

なお、札幌駅を中心とした国鉄線の電化状況は、１９６８（昭和43）年８月28日に函館本線の小樽〜滝川間が北海道初の電化（交流２万ボルト・50ヘルツ）となり、翌年10月１日に滝川〜旭川間へと延伸した。千歳線の電化は新線切り替えからさらに後の１９８０（昭和55）年10月のこととなる。

●現在も活用されている「五輪通」

「日の丸飛行隊」の活躍した宮の森ジャンプ競技場、そして近接する大倉山ジャンプ競技場、さらに手稲山や恵庭岳の競技場は鉄道でのアクセスは困難で、ここでは期間中にシャ

創成川通りと国道12号線のアンダーパス工事。1971年11月

トルバスなどが運行された。ここにはピーク時で600台近いバスが導入されている。手稲山の場合、札幌〜手稲オリンピア間に直通国鉄バスも運行されている。こうした会場間を結ぶため、札幌市で整備中だった「1バイパス1環状5放射道路」のうち、バイパスの札幌新道、放射道路の創《そう》成川《せいがわ》通を優先的に整備、さらに豊平川《とよひらがわ》通の整備も進められた。

　また、真駒内エリアで豊平区西岡3条11丁目（水源池通交点）と南区北ノ沢8丁目を結ぶ全長5・26キロの道路は、選手村と真駒内スピードスケート競技場、真駒内屋内スケート競技場、真駒内クロスカントリー競技場などの連絡用に整備され、その名も「五輪通」として現在も活用されている。途中、豊平川と真駒内川を跨ぐが、それぞれオリンピックへの想いを意匠に込めた「五輪大橋」「五輪小橋」が架けられている。

北海道初の地下鉄誕生

●独自で開発したゴムタイヤ式の地下鉄

札幌オリンピックの開催は、ちょうど札幌市の都市交通についても改革を必要とする時期にあった。都市の急成長に対してそれを支えるインフラが追い付かず、その整備が必須となっていたのである。

これは高度経済成長期にあって多くの都市が抱える問題だったが、札幌の場合、昭和30年代から道内各地の炭鉱が次々と閉山になり、そこで働いていた人々が流入することでも人口急増を招いた。札幌市が近隣町村との合併や編入を積極的に進めた背景には、その受け皿を拡げる意味もあったのである。こうしたなか、1968（昭和43）年には新たな「都市計画法」も制定され、基盤整備に動きやすくなっていたこともある。

こうして1970年代に向けた早急な整備計画としてあげられたのが、1バイパス（札幌新道）、１環状（環状通）、５放射道路（北１条宮の沢通・厚別通・南郷通・羊ケ丘通・創成川通）からなる主要道路の整備、地下鉄南北線・東西線の建設、函館本線の高架化による立体交差化だった。

札幌市では市営による地下鉄建設をめざし、先述のように１９６０年代から具体的な研究を始めている。

当初、札幌地下鉄は路面電車の代替的な位置づけで、駅間距離は一般的な鉄道より短く設定、路面電車的な利便性を持たせるという目標があった。一方、駅間距離を短くすると高速走行に達する前に停車準備に入らねばならず、高速鉄道としてのメリットを発揮できない。かくして加減速性能に期待できるゴムタイヤ式の鉄道が課題となった。

ゴムタイヤ式はすでにパリの地下鉄などで実用化されていたが、世界的には採用例が少なく、参考になる知見は少なかった。そこで札幌市交通局は、同局の東苗穂自動車訓練所の敷地内に試験軌道を敷設、独自に車両開発を進めることになったのだ。

まず１９６４（昭和39）年には廃車となったバスの車体を改造して第１次試験車を製作、直線１５０メートルの軌道を走らせた。翌年には１周約４００メートルの環状軌道を敷設、やはり廃車バスの車体を改造した第２次試験車のテストを開始。ここで札幌地下鉄の原形となるゴムタイヤ式の走行装置のアイディアが固まり、「はるにれ」と命名された第3次試験車に組み込んで試験走行が繰り返された。

札幌市の開発したゴムタイヤ式システムは、車両はゴムタイヤで車体を支え、軌道となる路面中央の案内軌条に従って走行するものだ。加減速性能に優れ、また粘着性も比較的高いため急勾配にも強い。さらに一般的な鉄軌道に比べ、軌道の保守作業も軽易に済む。ただしゴムタイヤのため、車輪から集電することはできず、これは案内軌条の側面(のちの東西線・東豊《とうほう》線は架線集電となった)から集電する方式とされた。

2年後の1966(昭和41)年にはS字カーブも含む全長676メートルの新たな試験線が建設され、ここでは冬期の試験も実施されている。このとき、除雪車も試作されたが、最終的には雪覆いを設けて軌道に雪を降らせないことが合理的と判断された。

こうして実用化のめどを付けた札幌市交通局では、1967(昭和42)年までに軌道の分岐器や変電設備も建設、さらに営業車両(1000形)と同一方式の2車体連接構造とした「すずかけ」こと第4次試験車を開発して走行実験を続けた。「すずかけ」は2年にわたって約5万キロを走行、これにて耐久的にも問題のないことが確認された。

実は「はるにれ」の試験走行が行なわれていた1966(昭和41)年に札幌オリンピッ

クの開催が決まった。そして「すずかけ」の耐久試験が始まった1967（昭和42）年12月には、オリンピックに向けて南北線の北24条～真駒内間を先行開業することが市議会で決議され、運輸省への建設申請へと進んだのだ。

なお、「すずかけ」の耐久試験が終わったところで実験線の使命は終わった。試験軌道は撤去され、のちに東苗穂自動車訓練所も廃止となり、現在はその一部が札苗中央公園となっている。なお、「はるにれ」と「すずかけ」は札幌地下鉄誕生の貴重な資料として、南北線自衛隊前駅そばの高架下に設置された「札幌市交通資料館」に保存されている。

●真駒内がメイン会場となった経緯

現在の南北線は、麻生駅を起点に北24条駅、さっぽろ駅、大通駅、すすきの駅などを経て真駒内駅に向かう14・3キロの路線だ。このうち北24条～真駒内間の12・1キロを先行開業することになった。前項でも紹介したが、北24条駅ではフィギュアスケートの競技会場となった美香保屋内スケート競技場が徒歩10分の位置にある。また、真駒内は札幌オリンピックの選手村も擁するメイン会場である。

真駒内地区は、広大な原野を活かして明治初期から官営の真駒内種畜場が開かれていた。時代と共に拡大され、１９４５（昭和20）年までに３３００ヘクタールという牧場になっていた。しかし、１９４６（昭和21）年にはＧＨＱの接収を受け、「キャンプ・クロフォード」として使われることになった。十数年にわたる接収が続いたが、１９５９（昭和34）年までに全面返還されている。当時の管轄自治体だった豊平町ではこれを活用したニュータウン「真駒内団地」の造成に入った。なお、用地の一部は、接収中から警察予備隊、のち陸上自衛隊に移譲され、現在は真駒内駐屯地となっている。

豊平町は１９６１（昭和36）年に札幌市に合併、そのエリアの大半は１９７２（昭和47）年の政令指定都市移行の際、南区となった。南区は南北37・6キロ、東西33・2キロにおよび、その面積は６５７・48平方キロと札幌市の約60％を占める。区域には支《し》笏《こつ》洞《とう》爺《や》国立公園も含まれ、緑豊かな自然に囲まれている。こうした環境とニュータウン建設の都市計画をうまく活用して札幌オリンピックのメイン会場とされたのだ。

●定山渓鉄道の廃線跡を地下鉄に転用

南北線のルートは、北24条駅から西４丁目通の地下を南下、札幌駅や大通公園、すすきのといった札幌の中心部を通り、中島公園から白石・中の島通の地下へと入る。平岸通と

定山渓鉄道の札幌駅乗り入れに際して行なわれた試乗会。1957年8月9日

の交差点は一旦直進して東側を迂回するかたちで地上へと抜ける。今度は高架線となって南平岸駅を経て平岸通に沿って終点の真駒内駅をめざすのだ。

実はこの地上を走る区間は、１９６９（昭和44）年10月31日まで千歳線の東札幌駅と定山渓《じょうざんけい》駅の27・2キロを結んでいた定山渓鉄道の廃線跡を活用したものだ。

この鉄道は、定山渓温泉の観光客や沿線で産出する木材や鉱物などの輸送を目的として、１９１８（大正７）年に函館本線の白石駅を起点として開業している。当初は蒸気機関車による運行だったが、１９３１（昭和６）年には直流１５００ボルトで電化、旅客は電車とした。さらに戦後の１９５７（昭和32）年には気動車を使い、まだ電化されていなかった函館本線に乗り入れ、札幌駅までの直通運転も行なっている。

定山渓鉄道は、こうした前向きの経営を続けていたが、1963（昭和38）年には貨物輸送の主力となっていた鉱石輸送がトラックに切り替えられてしまった。さらに札幌の市街地では踏切が道路障害になるという声も大きくなり、定山渓鉄道は窮地に立たされる。実はこの時、北海道警察は定山渓鉄道に「改善できなければ廃止」という勧告まで行なっており、運輸省や北海道からやり過ぎと指摘される騒ぎまであった。

一方、地下鉄南北線をオリンピック開催までに何としても開業しなければならなかった札幌市としては、定山渓鉄道の用地が魅力となったのだ。定山渓鉄道は東札幌駅から真駒内を経由、そこに駅も設置されていた。このルートをそのまま活用できると読んだのだ。実際、地下鉄南北線の約5キロ余りの地上区間は定山渓鉄道の用地で、同鉄道の真駒内駅は南北線自衛隊前～真駒内間に位置している。

札幌市の申し出を受けた定山渓鉄道は廃止を決意した。同社は運行終了の翌11月1日付で定山渓鉄道線を廃止、その用地は札幌市に売却された。

その後、定山渓鉄道はバス事業や不動産事業を続け、現在では社名変更した「じょうてつ」として東急グループの北海道エリアの中核企業となっている。

大通公園で行なわれた地下鉄建設工事の起工式。1969年2月7日

●着工からわずか3年足らずで開業

こうして札幌市は技術面や用地などの問題を解決しつつ、南北線の地下区間を１９６８（昭和43）年３月15日、地上区間を１９６９（昭和44）年４月21日に監督官庁の運輸省に免許申請している。ただし、当時の「地方鉄道法」には、鉄軌条でもモノレールでもない札幌の方式に関する規定がなく、新たに「案内軌条式鉄道」として認可されることになった。こうして地下区間は１９６８（昭和43）年６月24日、地上区間は１９６９（昭和44）年10月22日付で免許を取得した。

札幌市ではこれを受けて１９６９（昭和44）年３月に地下区間から着工している。

路面電車が走るなかで進められた札幌駅付近の地下鉄建設工事。1970年11月

地下区間の大半は、まだ路面電車運行の続いていた西４丁目通を通り、また国鉄札幌駅の下も潜ることになり、工事は難関続きだった。

西４丁目通では基本的に地上から掘り下げる開削工法で行なわれたが、路面電車の運行を妨げるわけにはいかない。多くの場合、工事は終電の通過後、初電までの夜間の限られた時間に行なわれている。工程によっては、最初に路面電車の軌道を撤去、工事終了後に軌道を復旧するといった作業も必要になり、正味時間の捻出は厳しかった。

札幌駅の地下は、南北２３６メートル、最深部で地表から14メートル掘り下げねばならなかった。南北線建設工事では最大の難関とされ、１９６９（昭和44）年10月に北口側から着工している。この時代、札幌駅には留置線も含めて11本の線路が通じており、１日

試運転で真駒内駅に到着した2000形電車。1971年11月

400本を超える列車が通行している。しかも電化区間であるため、ここでも多くの作業はき電が停止される夜間となった。矢板などによる土留めも行なわれたが、線路下では本来なら地下水の湧水を防ぐために使用される地盤強固剤を注入するまでして万全を期した。

また、札幌駅には国鉄の北海道総局となる庁舎も建っており、この柱は1本あたり200〜360トンの荷重が架かっていると計算された。南北線工事にはこうした柱16本を支える作業も必要になった。ここでは道内初となるアンダーピニング工法で対応している。

地上部は既設道路とすべて立体交差とするため、大半が高架線として建設されている。また、東苗穂自動車訓練所の試験線での経験を活かし、地上部の軌道には雪覆いを設けることになった。そこで本線はアルミ合金製シェルターで覆い、自衛隊前駅付近に設けた車両基地はすべてが屋内構造となっている。

懸案だった札幌駅の工事は１９７１（昭和46）年１月14日に貫通、５月までに掘削を終え、仕上げに入った。そして10月18日から全線試運転へと進み、11月末から12月初旬にかけて行なわれた運輸省の総合監査も合格、12月15日に開通、翌日から営業となった。

●開業当初は2両編成の運転も行なわれていた

地下鉄南北線の車両は、「ゴムタイヤ案内軌条式車両（札幌方式車両）」と呼ばれ、固定編成方式となっている。２両編成の場合、全長27メートル、これをゴムタイヤの車輪７軸で支えている。編成定員は１８０名。

車体は、パノラミックウインドウの前面に、側面の窓も大きいのが印象的で、ライトグリーンの車体に濃緑のラインがあしらわれていた。正面中央には星をデザインした札幌市の市章も掲げられている。乗り心地はモノレールのような雰囲気で、バスのような柔らかさはなかった。ただし、当初はゴムタイヤの匂いが鼻についたのも事実だ。

開業時に用意された車両は、すべて川崎重工業（現・川崎重工業車両カンパニー）兵庫

２両編成の1000形電車。1970年６月

工場で製造され、２両固定編成の１０００形14本、４両固定編成の２０００形７本、合計56両となった。当初、混雑時に４両編成、閑散時は２両編成と使い分ける予定だったが、４両編成、２両編成での運転はごくわずかで、のちに１０００形も２０００形に統合されている。

最高運転速度は時速70キロで、北24条〜真駒内間の所要時間は約23分となっている。運転間隔は平日ラッシュ時５分、日中７分30秒、早朝・深夜は９〜12分で計画され、１日平日で１５３往復、日曜祝日で１３０往復の運転となった。これで１日平均利用客は20万３０００人が見込まれた。

●画期的だった自動改札機の導入

地下鉄南北線は、このゴムタイヤ式車両が大きな話題となったが、開業時から全駅で自動改札機を使用していたことも特筆に値する。

この時代、国鉄では中央線国立駅での試用を踏まえ、1973（昭和48）年に開業する武蔵野線で本格導入を決めた段階だった。私鉄の場合、関西では京阪神急行電鉄（現・阪急電鉄）が1967（昭和42）年に先鞭をつけ、近畿日本鉄道でも本格導入を始めた段階だ。このほか、小田急電鉄、東京急行電鉄（現・東急電鉄）、京阪電気鉄道、阪神電気鉄道、南海電気鉄道などでも試験導入を始めている。

札幌市営地下鉄の場合、当初は南北線1路線だけで、きっぷの種類などもシンプルだったこともあるが、当時はこれも新時代の鉄道システムと感動した想い出がある。

また、地下鉄南北線の開通に合わせて「ポールタウン」こと全長400メートルの札幌駅前通地下街、「オーロラタウン」こと全長310＋110メートルの大通地下街も1971年11月16日に開業しており、地下街経由で相当な移動ができるようになった。これも雪国となる札幌ならではの試みだった。

なお、札幌市では南北線北24条～真駒内間の先行開業に続き、その建設中に東西線琴似～白石間の免許を取得、これは1976（昭和51）年に開業している。さらに南北線麻生～北24条間、東西線白石～新さっぽろ間、東豊線栄町～豊水すすきの間、東豊線豊水すすきの～福住間と延伸を続け、１９９９（平成11）年には東西線琴似～宮の沢間も開業、合計48キロとなる地下鉄ネットワークが完成している。

オリンピック輸送の準備

●札幌オリンピックでも運転された「オリンピア」

国鉄でも札幌オリンピックに向けた準備を進めていた。

『国鉄線』（１９７２年２月号）に掲載された北海道総局旅客課長の「準備ＯＫ！第11回冬季オリンピック札幌大会」という記事によると、国鉄では１９７１（昭和46）年12月末現在の入場券発行枚数から約61万４０００人の観客が集まると推定している。この内訳は札幌市内44万６０００人、その他の道内11万人、本州からは5万８０００人と予測した。このうちの国鉄利用者は札幌への入り込みで、道内5万４０００人、本州2万４０００人、合わせて7万８０００人が国鉄を利用すると見ている。

この時代、本州～北海道の移動はすでに空路が台頭しつつあったが、国鉄では総理府の

583系の臨時特急「オリンピア1号」。撮影：結解　学

世論調査から青函連絡船渡航者のシェアを約4割として計算していたようだ。

本州からの観客に向け、オリンピック開催期間を中心に上野〜札幌間を18時間台（復路は19時間台）で結ぶ臨時特急「オリンピア」も運転した。本州側の上野〜青森間は「オリンピア1号」、札幌側の函館〜札幌間は「オリンピア2号」として、青森〜函館間は青函連絡船で結んでいる。上下列車とも列車名は同じだったが、走行ルートは共に異なるのが興味深い。需要に応じたというより、当時過密に運行されていた列車の合間を縫うための苦肉の策だったのかもしれない。

【上野→札幌／常磐線・室蘭本線経由／所要18時間26分】

「オリンピア1号」　上野19時30分発↓水戸20時57分発↓青森翌朝4時45分着
「青函連絡船33便」　青森5時05分発↓函館8時55分着
「オリンピア2号」　函館9時25分発↓東室蘭12時08分発↓札幌13時56分着

【札幌↓上野／函館本線・東北本線経由／所要19時間35分】

「オリンピア2号」　札幌21時10分発↓小樽21時44分発↓函館翌朝2時30分着
「青函連絡船162便」　函館2時50分発↓青森6時40分着
「オリンピア1号」　青森8時10分発↓福島13時37分発↓上野16時45分着

この時代、俊足で知られた「はつかり3号」↓「青函連絡船1便」↓「北海」と乗り継げば上野〜札幌間は17時間35分となり、「オリンピア」の所要時間はやや見劣りする。特に復路の青森駅で1時間半にもなる待ち時間が厳しい。駅前の市場に出向き、ゆっくり朝ごはんを！　というサービスだったのかも知れない。

車両は「オリンピア1号」に583系寝台電車が起用され、昼夜兼行の特性を活かして下り列車はB寝台およびグリーン席、上り列車はすべて座席車として使用されている。また、北海道側の「オリンピア2号」にはキハ82系が使われた。

東京オリンピックの臨時列車が振るわなかったことを苦い経験としたのか、札幌オリンピックの臨時列車はこれだけだったが、会期中は道内の特急・急行で増結による輸送力増強もはかっている。特急ではのべ78両、急行ではのべ468両の増結を行なっている。さらに手稲駅から入出区する札幌運転区（現・札幌運転所）への回送列車は同駅まで客扱いに変更、手稲駅からアクセスできる手稲山会場への輸送補助もはかっている。

●ミニ周遊券やフリーきっぷも発売

オリンピック観戦の足に便利なきっぷもいくつか用意された。

ひとつは1972（昭和47）年1月28日～2月20日のうちの7日間有効な「札幌オリンピックミニ周遊券」で、1971（昭和46）年12月12日から翌年2月14日まで期間限定発売された。

「ミニ周遊券」は当時の汽車旅ファンに多大な支持を得ていた「均一周遊券」（のち「ワイド周遊券」）のミニ版で、自由周遊区間は狭く、また有効期間も短いというものだった。それでも往復の運賃は約2割引きとなり、当時多数運転されていた急行列車の自由席であれば急行券なしで利用できるというものだった。1970（昭和45）年のディスカバー・

ジャパンキャンペーンと共に設定が始まり、小旅行にはうってつけのきっぷだった。

「札幌オリンピックミニ周遊券」の場合、出発地は東京都区内および大阪駅に限られていたが、前者はおとな５８００円、後者はおとな６８００円（共にこども半額）と極めてリーズナブルだった。ちなみに東京〜札幌間の運賃は３７１０円で、往復するだけで元が取れる設定だった。さらに札幌市内だけでなく、小樽なども自由周遊区間に入っており、オリンピック観戦を兼ねた観光にも使えたのである。

また、国鉄ではこの「札幌オリンピックミニ周遊券」および「北海道均一周遊券」購入者などに対して、東海道新幹線「ひかり」「こだま」、東北・常磐線「オリンピア１号」「はつかり」「はくつる」「ゆうづる」「あけぼの」、函館・室蘭本線「オリンピア２号」「おおぞら」「北海」「北斗」「おおとり」各列車の指定席券を通常より２週間ほど繰り上げて発売するサービスも行なっている。

この「札幌オリンピックミニ周遊券」は本州向けだったが、道内主要駅発着で同じ自由周遊区間に乗り放題となる「さっぽろオリンピックフリーきっぷ」も期間限定発売した。こちらは運賃が約１割引きで、１月28日〜２月13日のうちの７日間有効となっていた。

利用期間が共に１月28日からとなっていたのはやや微妙だったが、１月27〜30日に大通会場と真駒内会場（陸上自衛隊真駒内駐屯地）で「第23回　さっぽろ雪まつり」が開催されており、その見学にも活用できた。なお、この年の雪まつりでは合わせて１２０万人を超える観客を集めており、札幌市交通局にとってはオリンピック本番に向けた地下鉄南北線のテスト運行にもなったそうだ。実際、自動券売機での渋滞がひどく、臨時きっぷ売り場の追加設営など貴重な経験になったという。

このほか、国鉄では札幌駅をはじめ、小樽、釧路、旭川、函館など道内主要11駅で「オリンピック記念急行券」も発売、オリンピックムードを盛り上げた。

●万全を期した国鉄の除雪対策

こうした営業面の準備と共に除雪対策も行ない、定時運行の確保に努めている。小樽～滝川間には定期排雪列車が毎日3往復設定されていたが、これに加えて札幌駅を中心に小樽～岩見沢間に2往復の排雪列車を増設して万全を期した。また、オリンピックを目前にした1月半ばには、岩見沢操車場でＤＤ14形ロータリー、ＤＥ15形ラッセルなど5種類の除雪車両を使った性能確認を兼ねた訓練も実施している。

皮肉なことにこの年は全国的に降雪が少なく、新潟県の十日町市では積雪ゼロ。

１９４９（昭和24）年から毎年開催されていた雪まつりが中止に追い込まれたほどだった。北海道も同様で1月15日現在、札幌駅の積雪はわずか15センチしかなかった。この日、道内でもっとも積雪の多かったのは石北本線の上越《かみこし》駅（現・上越信号場）だったが、それでも１５５センチでこのあたりでは極めて少ない状態だった。

札幌以前の冬季オリンピックは、インスブルックにしてもグルノーブルにしても雪不足に悩まされており、大会関係者は気をもんだという。

しかし、１月25日夕刻から翌日にかけて全道的にまとまった降雪があり、函館本線、千歳線、室蘭本線などでは運転規制をかけるほどになった。さらに千歳線では旅客列車だけでも急行「ちとせ5号」を含む４本を運休にする事態になった。これにより道央を中心に26日朝までラッセル車や排雪モーターカーによる排雪列車を１４５本も運転している。

この一晩の降雪量は札幌駅で25センチとなり、ようやくオリンピック会場にも冬らしい情景が戻ってきたのだ。

オリンピアから札幌へ　聖火のリレー

●本土復帰を目前に控えた沖縄からスタート

1972（昭和47）年の札幌オリンピックでは、大会開催の約1カ月前となる1971（昭和46）年12月28日にギリシャのオリンピア・ヘラ神殿で採火式が行なわれた。

東京オリンピック同様、日本航空の特別機が使われたが、今回は直接日本へと運ばれている。12月29日の夕刻、ギリシャを出発、翌30日に沖縄に聖火が到着した。そして翌日の大晦日、沖縄本島で60キロにわたるリレーが行なわれた。この時代も沖縄はアメリカ合衆国の統治下だったが、すでに同年6月17日に日米の沖縄返還協定が結ばれており、札幌オリンピックが開催された年の5月15日に復帰、沖縄県となっている。返還を見据えた平和の聖火リレーに人々は明るい未来を感じたに違いない。

そして年が明けて1月1日、今度は全日本空輸の特別機で東京に運ばれ、国立霞ヶ丘競技場で式典開催後、本州での聖火リレーが始まった。ここで使われたトーチは東京オリンピック同様、日本を代表するインダストリアルデザイナーの柳宗理が担当した。ちなみに真駒内の聖火台も柳の手によるもので、これは現在も真駒内公園に保存されている。

●聖火を運んだ青函連絡船「大雪丸」

札幌オリンピックの聖火リレーは、東日本を中心に周回、本州では２つのルートに分かれて１月19日に青森へと届けられた。北海道へは東京オリンピック同様、青函連絡船で運ばれることになり、翌朝５時05分出航の33便が使われた。

ここで大役を果たすことになったのは「津軽丸型」の２号船として１９６５（昭和40）年に就航した「大雪丸」だった。青函連絡船では過去に同名の船が就航していたため、「２代目大雪丸」と呼ばれることもある。

東京オリンピックの聖火リレーで活躍した「津軽丸」同様、全長１３２メートルの車載客船で、旅客定員１２００名、ワム換算48両の車両積載が可能だ。ただし、旅客食堂や操舵室前面窓の大型化などの仕様変更がなされており、総トン数は８２９８・８４トン（のちに規程改正で５３７５・９９トン）と若干重くなっている。

函館には１月20日８時35分に入港、湾内に停泊していた船舶の一斉汽笛吹鳴で出迎えられ、オリンピックムードを盛り上げた。その後、定刻の８時55分に接岸、函館駅前広場で

函館駅前広場で行なわれた聖火リレーの出発式。1972年1月20日

道内聖火リレー出発式が行なわれている。ここで聖火は3つに分けられ、1つはそのまま札幌にリレー、2つは空路で釧路と稚内に運ばれ、そこから札幌をめざした。

1月29日、3つの聖火は札幌の北海道庁旧本庁舎に届き、翌日の式典で再び1つにまとめられた。ちょうど「さっぽろ雪まつり」も開催されており、ここでも披露され、2月3日の開会式を迎えた。

こうして聖火は日本国内を合計4754キロ、約1万6300名の走者によって運ばれたのである。

札幌オリンピックの開催された１９７２年

●全国のＳＬの３分の１が北海道に集結

札幌オリンピックの開催されたこの時代、北海道はオリンピックのみならず、鉄道ファンや汽車旅ファンから大きな注目を集めていた場所でもあった。

国鉄では１９６５（昭和40）年度に始まった第三次長期計画で動力近代化を本格化、蒸気機関車の淘汰を進めていた。これにより最盛期６０００両近く保有されていた国鉄の蒸気機関車は１９７１（昭和46）年度末には１１９４両、そして１９７２（昭和47）年度末には１０００両を割り込み８０９両となっていた。こうした状況下にあって北海道には１９７２（昭和47）年10月現在で３５２両もの配置があった。国鉄蒸気機関車の３分の１が北海道に集結していた計算だ。北海道は鉄道ファンにとって「ＳＬ天国」だったのである。

ちなみにこの時代、北海道で無煙化が完了していたのは根室本線の芦別～釧路間ぐらいで、電化されていた函館本線小樽～旭川間も貨物列車は蒸気機関車が牽引していた。

●三重連で掉尾を飾ったC62「ニセコ」

なかでも多くの人気を集めたのは、函館本線函館〜小樽間で急行列車などの牽引を担当していたC62形だった。これは非電化だった東海道・山陽本線の特急などを牽引すべく開発された日本最大の旅客用蒸気機関車だ。やがて両幹線の電化が進み余剰となっていくが、その巨体ゆえおいそれと移転させる場所は少なかった。そんな中、北海道と本州を結ぶメインルートとなっていた函館本線は線路の規格も高く、C62形の入線が可能だったのである。昭和30年代から40年代にかけてのべ9両が北海道に渡っている。

函館本線では、特急機の特性を活かして高速走行しただけではなく、急勾配が連続する長万部《おしゃまんべ》〜小樽間では重連にて所要時間短縮をめざした。日本最大の蒸気機関車C62形の重連運転、それはSLファンには垂涎のイベントとなったのである。

さらに渡道したC62形のうち、2号機のデフレクターにはツバメのマークが掲げられていた。これは東海道本線で特急「つばめ」を牽引していた時に取り付けられた飾りで、往年の特急機を示すシンボルだった。この2号機に対しては熱烈なファンも多く、絶大な人気を誇ったのである。

急行の気動車化や運行ルートの室蘭本線化でC62形の活躍する舞台は減り、晩年は急行

C62形三重連運転の最終日には多くのファンが沿線で名残を惜しんだ。1971年9月15日

「ニセコ」1往復だけとなった。それも1971（昭和46）年9月15日を最後にDD51形ディーゼル機関車にバトンタッチされることになった。多くのSLファンが〝山線〟と呼ばれた長万部〜小樽間に集まり、名残を惜しんだのである。国鉄側もこれに対して同年7月18日・8月22日・9月15日の3回、長万部〜小樽間の運転をC62形三重連に切り替え、その終焉を飾った。もちろん、その先頭に連結されていたのは2号機だった。

なお、函館本線のC62形はしばらく長万部〜小樽間の普通列車に使用され、1973（昭和48）年まで運転が続いている。2号機もこの普通列車を担当しているが、1972（昭和47）年10月10日付で梅小路機関区に転属、「梅小路蒸気機関車館」にて保存されることとなった。

●オリンピックイヤーに鉄道開業100年

札幌オリンピックが開催された1972(昭和47)年、日本の鉄道は開業100周年を迎えた。これを記念して国鉄では蒸気機関車を貴重な産業遺産と位置付け、動態保存を目的とした施設をつくることになった。検討の結果、京都の梅小路機関区を活用することになり、「鉄道記念日」(現・鉄道の日)の10月14日を目前にした10月10日に「梅小路蒸気機関車館」として開館している。この日は火曜日だったが、東京オリンピックの開会を記念して「体育の日」(現・スポーツの日)と呼ばれる祝日となっており、開館セレモニーにも都合がいいと判断されたようだ。

開館に合わせて国産の代表的な機種という選定のもと函館本線で終焉を飾ったC62形2号機をはじめ16形式17両が集められている。当時はこのうちの13両をいつでも動ける状態に維持し、構内で毎日運転するほか、定期的に周辺で臨時列車を運転する計画も立てられていた。その後、車両の保存数は増えていったが、逆に動態保存機は徐々に静態へと変わっていった。

国鉄の民営化時、梅小路蒸気機関車館はJR西日本に引き継がれ、現在では2016（平成28）年に開館した「京都鉄道博物館」の施設に組み込まれている。

●ディスカバー・ジャパンとミニ周遊券

汽車旅ファンにとってこの時代の出来事として忘れられないのは、「ディスカバー・ジャパン」と銘打った国鉄の旅行キャンペーンだろう。

「美しい日本と私」をサブタイトルにした日本再発見の旅を呼びかけるべく、1970（昭和45）年の大阪万博の終了から1カ月後の鉄道記念日にスタートしている。大阪万博は6000万人以上の入場者を集めた前代未聞の巨大イベントで、国鉄もその観客輸送に大きく貢献した。その反動で利用者が落ち込むのを防ぐべく始まったキャンペーンでもあった。

当初はキャンペーンに批判的な声も多かったが、キャンペーン開始と同時に国鉄提供のテレビ紀行番組『遠くへ行きたい』もスタートした。これは有名文化人や芸能人が日本各地を訪ね、人々との触れ合いや文化を紹介するものだった。永六輔が作詞した同名の主題曲とともに旅に対する憧憬を誘い、一躍ヒット。今なお放送が続く長寿番組となっている。

こうしたテレビ番組の効果もあり、キャンペーンは定着していったが、1973（昭和48）年末のオイルショック以降、宣伝自粛のようなかたちで終わってしまった。

このキャンペーンに合わせるかたちで誕生したのが「ミニ周遊券」だった。当時の汽車旅ファンに多大な支持を得ていた「均一周遊券」（のち「ワイド周遊券」）のミニ版だったが、小旅行に便利ということで定着していった。高度経済成長も終わりが見えてきた時代で、旅のスタイルもコンパクトなものに変わりつつあったのだ。

●青函トンネルの起工式

1971（昭和46）年11月14日、青函トンネルの本工事の起工式も行なわれている。これは本州と北海道を結ぶべく津軽海峡の海底下に掘削された全長53・85キロのトンネルで、現在では北海道新幹線および在来線の貨物列車などが通行している。

構想は戦前からあったが、開通時は世界一の長さとなる大事業でもあり、一部の夢物語とされていた。しかし、1954（昭和29）年の青函連絡船「洞爺丸」事故をきっかけに建設計画が具体化していく。1961（昭和36）年には海底調査も始まり、引き続いて試掘調査も始まった。さらに1967（昭和42）年には先進導坑の掘削も始まった。

かくして1971（昭和46）年9月には本工事の認可も下り、本工事の準備が進められ、本州側と北海道側の同時起工式となったのである。

福島町の吉岡小学校グラウンドで行なわれた青函トンネル北海道側の起工式。1971年11月14日

札幌オリンピックを1カ月後に控えた1月9日の『交通新聞』には本工事の特集が組まれているが、当時建設計画が具体化してきた英仏海峡トンネルより地質的に難しいと紹介されている。実際に本工事の際「津軽海峡に穴をあけてしまった」とされる毎分85トンにおよぶ異常出水をはじめ、いくたびもの異常出水に阻まれた。そうした困難を乗り越え、1985（昭和60）年に本坑が貫通、1988（昭和63）年3月13日に開業している。この時のダイヤ改

正には「レールが結ぶ、一本列島。」のキャッチコピーも添えられ、本州と北海道の鉄路がつながったことがPRされている。

●山陽新幹線岡山開業もこの年に

札幌オリンピックが閉会してから1カ月後の1972（昭和47）年3月15日、山陽新幹線の新大阪〜岡山間が開業した。

この区間は1967（昭和42）年3月に着工、1971（昭和46）年10月には試運転にこぎつけている。当時、日本最長となる六甲トンネル（全長1万6250メートル）をはじめ、多くのトンネルがあるが、わずか4年あまりという驚異的な工期で完成に持ち込んでいる。

山陽新幹線は、東海道新幹線の0系「ひかり」「こだま」がそのまま延長するかたちで運行、最高運転速度も時速210キロとされているが、軌道の建設は時速260キロをめざす規格で設計されていた。国鉄ではこの高速運転に対する可能性を確認すべく、1969（昭和44）年に951形試験車を製造している。モーターの出力は0系の185キロワットから250キロワットと大幅アップ、さらに軽量化のために新幹線初のアルミ合金製車体を採用、床下機器のボディマウント構造など新機軸も取り入れている。

山陽新幹線では開業前に速度向上試験を実施することになり、ちょうど札幌オリンピックが開催されていたころ、盛んに試走が行なわれている。そしてオリンピック閉幕後の２月24日、姫路〜西明石間の上り線で、当時の日本国内の鉄道車両最高速度となる時速２８６キロを記録した。

国鉄時代、本格的なスピードアップは行なわれなかったが、山陽新幹線ではＪＲに移行してから最高時速３００キロ運転も行なうようになった。

なお、山陽新幹線の岡山〜博多間は１９７０（昭和45）年に着工、１９７５（昭和50）年３月に開通している。また、１９７１（昭和46）年11月には東北新幹線東京〜盛岡間、同年12月には上越新幹線も着工している。こちらは１９８２（昭和57）年６月に東北新幹線大宮〜盛岡間で暫定開業、同年11月には上越新幹線も開業した。

国鉄で蒸気機関車が終焉を迎える一方、新幹線ネットワークが拡張されていく時代でもあったのである。

第3章

1998年　長野

「長野オリンピック」の開催

●県内5市町村での広域開催に

1998（平成10）年2月7日から2月22日まで長野市を中心に長野県内各地を会場として「第18回オリンピック冬季競技大会」が開催された。日本での冬季オリンピックは、1972（昭和47）年の札幌オリンピック以来26年ぶり2度目となった。

長野オリンピックの開催に向けた誘致活動は、「バブル景気」に向けて日本の経済も安定成長を続けていた1985（昭和60）年に具体化、同年に長野県議会で決議、県内市町村もそれに続いた。国内では盛岡、山形、旭川も名乗りを上げていたが、1988（昭和63）年にはJOC（日本オリンピック委員会）による選定で長野に絞り込まれている。その後、協議はIOC（国際オリンピック委員会）に移り、1991（平成3）年6月15日にイギリスのバーミンガムで開かれた第97回総会で決定された。

長野オリンピックの会場は、長野市川中島に選手村を置き、開会式や閉会式も長野市内で開催されたが、競技は長野市内に留まらず、山ノ内町、軽井沢町、白馬村、野沢温泉村

上信越道初の開通区間となった更埴～須坂長野東間（長野道の豊科～更埴間も同時開通）の開通式。1993年３月25日

長野駅で行なわれた新幹線「あさま」出発式。1997年10月1日

長野オリンピック（1998年）の競技会場

会場名	競技種目	場所
長野オリンピックスタジアム	開会式、閉会式	長野市
セントラルスクゥエア	表彰式	長野市
ホワイトリング	フィギュアスケート ショートトラックスピードスケート	長野市
ビッグハット	アイスホッケー	長野市
アクアウィング	アイスホッケー	長野市
エムウェーブ	スピードスケート	長野市
スパイラル	ボブスレー、リュージュ	長野市
飯綱高原スキー場	フリースタイルスキー	長野市
風越公園アリーナ	カーリング	軽井沢町
かんばやしスノーボードパーク	スノーボード（ハーフパイプ）	山ノ内町
志賀高原東館山スキー場	アルペンスキー（大回転）	山ノ内町
志賀高原焼額山スキー場	アルペンスキー（回転） スノーボード（大回転）	山ノ内町
ふれ愛の森公園	バイアスロン	野沢温泉村
八方尾根スキー場	アルペンスキー（滑降） アルペンスキー（スーパー大回転） アルペン複合	白馬村
白馬ジャンプ競技場	ノルディックスキー（ジャンプ） ノルディック複合（ジャンプ）	白馬村
スノーハープ	ノルディックスキー（クロスカントリー） ノルディック複合（クロスカントリー）	白馬村

＊THE XVIII OLYMPIC WINTER GAMES : OFFICIAL REPORT NAGANO 1998を元に作成

と5市町村にまたがる広域開催となった。そのため、各競技場の移動にも活用できる長野新幹線（北陸新幹線）や上信越自動車道がつくられ、関連道路の整備も進められた。こうした大きなインフラ整備が行なわれたのも長野オリンピックの特徴のひとつとなる。

ここに72の国と地域から男子1389名、女子787名、合わせて2176名の選手が参加（IOC）。26年前の札幌オリンピックに

長野オリンピック競技会場位置図

比べてほぼ２倍となり、大会役員も２０００名を超えている。観客はのべ１４４万２７００人を数え、これは札幌オリンピックの倍以上となる大盛況となった。

競技では、「日の丸飛行隊」のニックネームで親しまれるジャンプ陣の活躍をはじめ、前回の冬季オリンピックから正式種目になったフリースタイルスキーの女子モーグルで里谷多英が金、スピードスケートで清水宏保が男子５００メートルで金、男子１０００メートルで銅、ショートトラックの男子５００メートルで西谷岳文が金を取るなど活躍、日本は金５個、銀１個、銅４個という成績を残した。

「長野行新幹線」の開業

●愛称公募で最も多かったのは「しらかば」だった

長野オリンピック開会の3カ月前、1997（平成9）年10月1日に高崎～長野間（117・4キロ）の新しい新幹線が開業、「あさま」が東京駅から長野駅まで直通運転するようになった。

列車愛称は公募によって定められ、新幹線開業まで在来線で上野～長野・直江津間を結んでいたL特急の名前を引き継いでいる。

この公募に対してJR東日本には2万1449通の応募があり、寄せられた愛称は4051種類にのぼった。このうち最も多かったのは「しらかば」で1064通、次いで「あさま」946通、「ちくま」671通となっている。このほか、「しなの」「やまなみ」「アルプス」「りんどう」「みらい」「しんしゅう」「ながの」と続き、さらには「オリンピア」「五輪」という愛称も寄せられた。

新装なった軽井沢駅を発車して碓氷峠に向かうE２系「あさま」。1998年2月

この新幹線は１９７０（昭和45）年に定められた「全国新幹線鉄道整備法」によって「北陸新幹線」として計画された路線の一部にあたるものだ。同法には北陸新幹線は東京都と大阪市を結ぶ延長約６００キロの路線と規定され、東京～高崎間は上越新幹線などと共用するかたちになっている。

この時、長野まで先行開業となったため、正式名称の「北陸新幹線」と呼ぶと北陸まで通じている印象を与えてしまうと運営のＪＲ東日本が苦慮、当初は運行上の名称として「長野行新幹線」（「行」の文字は小さく添える）という名前で案内されることになった。ただし、上り列車に対して「長野行」はおかしいと、長野をはじめ途中駅では単に「新幹線」とするなどさらなる配慮も施されている。

もっとも開業時から駅や車内の案内ではシンプルに「長野新幹線」の呼称も使われており、一般にはこれが定着していく。『JR時刻表』などでも当初は「長野行新幹線」としていたが、開業から1年を待たずに表記を「長野新幹線」と変えている。

なお、当時は長野から先の北陸新幹線建設が不透明だったこともあり、北陸地方の自治体では「長野新幹線では建設が長野で打ち切られる印象が出る」と抵抗、JR東日本に変更の要望も出している。結局、この呼称問題は2015（平成27）年の金沢延伸時、全区間に対して「北陸新幹線」と改められ終結している。

●検討された「スーパー特急」と「ミニ新幹線」

先述の「全国新幹線鉄道整備法」では大雑把な建設区間が示されていたが、実際の建設ルートはその後に詰めていくことになっていた。国鉄時代に高崎～長野間は現行ルートでほぼ確定、環境調査も進められていった。ただし、長野以遠については検討が続けられており、途中の経由地も示されていない。

こうした状況のなか、国鉄の経営悪化による再建が必須課題となり、１９８２（昭和57）年には北陸新幹線を含む整備新幹線計画が見合わせとなってしまった。これは国鉄が民営化、ＪＲに移行する１９８７（昭和62）年に凍結解除となったが、今度は運輸省（現・国土交通省）から建設費削減に向けた、いわゆる「運輸省案」が出される。これは東海道新幹線のような「フル規格」に対して２案が検討された。

【スーパー特急方式】

新幹線と同じ規格の新線を建設するが、軌間は在来線と同じ狭軌（１０６７ミリ）とする。列車は在来線から直通、新線区間では時速１６０キロ程度の高速運転を行なう。この方式では、新幹線のように開業まで全区間の完成を待たなくても、完成した途中の区間から活用していくことができ、投資の回収に向けたサイクルが短い点もメリットとされた。

例えば、１９９７（平成９）年３月に開業した北越急行ほくほく線は、この考え方を取り入れて建設途中で線路を高速対応に変更、最高時速１６０キロ運転も行なっている。

【ミニ新幹線方式】

在来線を新幹線と同じ標準軌（１４３５ミリ）に改軌、あるいは狭軌と標準軌を併設する。列車は新幹線から直通、在来線区間では現行の時速120キロ程度で運転する。この方式は多くの構造物を活用できるため、用地取得なども含めた建設費を抑え、さらに工事期間も短くなるとされた。これは1992（平成4）年7月に開業した山形新幹線で採用され、1997（平成9）年3月には秋田新幹線も開業している。

この方式を活用し、北陸新幹線では高崎～軽井沢間をフル規格、軽井沢～長野間はミニ新幹線、糸魚川《いといがわ》～魚津間および高岡～金沢間をスーパー特急という案が検討されている。さらに建設が予定されていた東北新幹線の延伸区間や九州新幹線でも導入が検討された。

実はこうした凍結解除と運輸省案が出てきた背景には景気の動向もあった。

先述の「バブル景気」は1986（昭和61）年末に始まっており、凍結解除はその機運に乗ったものとも見える。しかし、この景気は実体経済の成長では説明できない危うさもあり、早晩の減衰が予測された。かくして運輸省案となるわけだが、実際バブル景気は1991（平成3）年初頭に崩壊してしまった。

●開催決定を機に動いたフル規格での建設

そうした情勢のなか、１９９１（平成３）年６月15日に長野オリンピックの開催が決定した。フル規格で合意の取れていた高崎〜軽井沢間については、すでに１９８９（平成元）年６月28日付で工事認可が下り、同年８月２日に着工していた。一方、ミニ新幹線方式で着工前の検討の続いていた軽井沢〜長野間もこのオリンピック開催決定でフル規格へと動いていくのだ。

沿線自治体の一部はフル規格では「新幹線が通過してしまう」（管轄区域に駅が設置されないため）と反対したが、最終的に合意となり、１９９１（平成３）年８月22日に軽井沢〜長野間がフル規格で工事認可となり、同年９月17日に長野駅で起工式が行なわれ、高崎〜長野の全区間で工事が進められることになった。

なお、新幹線開業後の信越本線高崎〜長野間の処遇も問題となっていたが、「整備新幹線に並行する在来線は開業時に廃止またはＪＲから経営分離する」という政府・自民党の申し合わせがあり、これによって１９９７（平成９）年６月19日、ＪＲ東日本から申請されていた横川〜篠ノ井間の廃止が認可された。

その結果、横川〜軽井沢間は廃止されてバスに代替、軽井沢〜篠ノ井間は長野県などが設立した第3セクター「しなの鉄道」が引き継ぐことになった。

●専用車両の開発で克服した碓氷峠の急勾配

新幹線開業で廃止となった横川〜軽井沢間には、JR最急となる66・7パーミルの勾配の碓氷峠《うすい》があり、鉄道輸送上のネックとなっていたのだ。

高速運行する新幹線の場合、勾配は15パーミル（東北・上越新幹線基準）を上限としており、高崎駅のそばから徐々に高度を上げていくことになった。

高崎と軽井沢は850メートルもの標高差がある。この2地点は直線距離にして34キロしか離れておらず、高崎から上げていくとしても何と25パーミルの勾配になってしまう。これを15パーミルに抑えようとすると、大きく迂回しなければならず、これが建設費にも運転時間にも大きな影響を与えてしまう。そのため、専用車両を新たに開発して、30パーミル（1000メートルで30メートルの標高差がある勾配）を採用することになった。これによって、約20キロ短縮され、建設費も約1000億円節約できたという。

ルートは、従来の信越本線に比べて大きく北に迂回し、全長8310メートルの秋間トンネルをはじめ、約60パーセントがトンネルとなっている。なお、この秋間トンネルは、

建設工事中の秋間トンネル。1995年７月

高い安全性を保持しながら工期短縮が見込めるＥＣＬ工法（掘削覆工並進工法）が、新幹線としては初めて採られた。

軽井沢〜長野間のルートは信越本線にほぼ並行しているが、軽井沢〜上田間は南に、上田〜篠ノ井間は北に迂回して直線コースを採っている。

上田〜長野間には全長１万５２００メートルの五里ケ峯《ごりがみね》トンネルがある。青函、大清水、榛名と続いて建設時は国内で４番目に長い鉄道トンネルだ。このトンネルがあるため、この区間もトンネルが多いように思えるが、軽井沢〜長野間では約45パーセント、美しい信濃路の車窓を楽しむことができる。

●大会開催時には２００系も応援に

車両は先述の30パーミル勾配に対応する新型車両

高崎～長野間の運転に備えて長野新幹線運転所（現・長野新幹線車両センター）に入線した200系F80編成。８両編成のE2系より長い12両編成だ。撮影：結解　学

Ｅ２系が開発された。実は、軽井沢～長野間では電源周波数が50ヘルツから60ヘルツに変わるなど、勾配以外にも当線独特の厳しい条件があり、それに対応する車両として開発されたものだ。

勾配区間に対応するため、電動機の最高使用回転数を上げ、歯車比を普通の新幹線車両よりも大きくしているのが特徴だ。これにより、30パーミル区間でも時速１７０キロ以上で走れる性能を実現した。運転最高速度は、東京～高崎間では時速２４０キロ、高崎～長野間では時速２６０キロとされている。

長野新幹線の開業時、東京～軽井沢間の区間運転４往復を含め１日28往復の運転となったが、長野オリンピック開催中は臨時列車を増発する

ことになった。当時、Ｅ２系の編成数に余裕はなく、ここでは東北・上越新幹線で使用されていた２００系１編成を応援に使うことになった。ただし、２００系は30パーミル勾配に対応していないため、応援車両はブレーキ強化などの改造が施された。オリンピックを１カ月後にひかえた１月半ばに完成、１月19日から26日にかけて上野～長野間で試運転を重ねている。

こうして「長野行新幹線」は万全の状態で長野オリンピックを迎えたのである。

しなの鉄道の開業

●並行在来線は第三セクターに

「長野行新幹線」の開業は、並行在来線問題を大きく浮かび上がらせた事業でもあった。

「並行在来線」とは「整備新幹線区間に並行する形で運行する在来線鉄道」のことだ。これはあくまでも「整備新幹線」であって「全国新幹線鉄道整備法」以前に計画あるいは開業していた東海道新幹線、山陽新幹線、東北新幹線の東京～盛岡間、上越新幹線などは整

建設工事が進む新幹線の線路（右）と並行する信越本線軽井沢～中軽井沢間を走る115系電車。この区間も新幹線開業を期に、しなの鉄道の路線になった。1996年11月

備新幹線には含まれない。

　北陸新幹線などの整備新幹線の建設を進めるにあたり、政府・与党（当時は自由民主党）は１９９６（平成８）年に「整備新幹線に加えて並行在来線を経営することは営業主体であるＪＲにとって過重な負担となる場合があるため、沿線全ての道府県及び市町村から同意を得た上で、整備新幹線の開業時に経営分離される」と判断、以後はこれをもって関係者の調整にあたってきた。

　こうした申し合わせが行なわれた背景には「整備新幹線はもうからない」「並行在来線はさらにもうからない」という状況が懸念され、結果としてＪＲが第二の国鉄になることを恐れたことにもあった。

しかし、もうからないといっても並行在来線は地域にとって必要な社会基盤であり、路線によってはＪＲ貨物の貨物列車運行ルートにもなっている。これを失うわけにいかず、国も新たな運営会社に対してＪＲからの譲渡資産に対して登録免許税と不動産取得税は非課税、固定資産税と都市計画税は20年間にわたって半額に割り引くなどの税制特例措置などで支援する体制をつくった。また、ＪＲにしても要員派遣、相互直通運転などを実施して支援することとしている。

長野オリンピックに間に合わせて開業した「長野行新幹線」の場合、存続すべき並行在来線は信越本線軽井沢〜篠ノ井間（65・１キロ）となった。これは長野県73・64パーセント、長野市や沿線10市町が16・86パーセント、その他の金融機関や交通事業者などが出資する第三セクターの、しなの鉄道に転換して運行が継続されることになった。

●経営努力によって黒字になった、しなの鉄道

こうして１９９７（平成９）年10月１日の新幹線開業と同時に、この区間はしなの鉄道へ移管されて同社のしなの鉄道線として開業している。車両はＪＲから１１５系33両、１６９系９両、合計42両が譲渡され、当初はこれで運行されている。開業時の社員は２３９

名となったが、ＪＲからの出向者約１６０名を中心に新規採用や県などからの出向でまかなわれている。

　転換前、軽井沢～篠ノ井間の普通列車の乗客は１日約３万人となっていたが、列車増発で利便性を高め、さらに沿線人口の伸びや新駅設置で利用者増を見込み、鉄道事業免許の目安にもなるおおむね開業後10年で単年度黒字を達成できるとしている。実際には予想以上に新幹線に移った乗客が多く苦戦することになった。そこでさまざまな経営合理化を進めると共に、「トレインアテンダント」やサポーター制度で利用促進をはかった。こうして２００５（平成17）年度には黒字を計上するに至っている。

　なお、２０１５（平成27）年の北陸新幹線金沢延伸時には、信越本線長野～直江津間、北陸本線金沢～直江津間が並行在来線とされているが、しなの鉄道ではこのうちの長野～妙高高原間を引き受け、北しなの線として運営している。

篠ノ井線と長野電鉄のインフラ整備

●選手村開設に合わせて新駅を設置

オリンピックでは選手村の設置も重要な課題となる。文字通りの選手をはじめ、大会関係者が寝泊まりする施設だが、それぞれの親交を深める重要な場所でもある。さらに大会期間中の警備面からも欠かせないものとなっている。

長野オリンピックの場合、選手２１７６名、役員約２０００名、合わせて４０００人あまりを収容できるキャパシティが必要となる計算だが、競技会場が県内各地に分散していることもあり、その設置位置の選択に苦労したという。最終的に長野市内の川中島町今井原に決定した。信越本線篠ノ井～川中島間の線路沿いに19ヘクタールの用地が確保され、23棟、のべ１０３２部屋が建設されている。なお、実際には競技場のそばに宿泊地を求める選手が多く、選手村利用者は最大で３０００人程度となった。

この選手村の最寄り駅は、篠ノ井、川中島とも2キロ以上離れていたため、選手村開設に合わせて新たに今井駅も設置することになった。

新駅設置については、国鉄時代の１９８６（昭和61）年から誘致運動が立ち上がっていたが、選手村建設決定で一気に加速。１９９５（平成７）年12月にＪＲ東日本が長野市の請願駅として新設を承認、翌年12月に着工した。

駅は相対式ホームで本線を挟むかたちに設置され、駅舎は自由通路を兼ねた橋上スタイルとしている。この駅舎はスキーのジャンプ台とゴンドラリフトをイメージしたデザインで、自由通路の窓はステンドグラスになっている。また当初から階段部には身障者向けの車いすリフトを設置したほか、ホームに直接出入りできるスロープも用意された。なお、駅の東西両方に駐車場も設けられている。総事業費は９億１３００万円となったが、一部は地元の寄付でまかなわれた。

今井駅は「長野行新幹線」開業と同じく１９９７（平成９）年10月１日に開業、ＪＲ東日本の長野支社では発足後初の新駅となっている。

なお、選手村はオリンピック閉会後、市営の「今井ニュータウン」としてほぼそのまま活用されることになった。選手村建設時は７区に分けられ、それぞれ別の建築家が担当した。元選手村というエピソードと共にその個性的なスタイルも話題を集め、今なお人気の物件となり、今井駅でも１日２０００人近い乗降がある。

駅舎を新築してホームも１面２線となった延徳駅

●輸送力増強のために車両の更新と駅改良を実施

また、長野県内で運行される長野電鉄は、スノーボードやアルペンスキーの会場となった、かんばやしスノーボードパーク、志賀高原東館山《ひがしたてやま》スキー場、志賀高原焼額山《やけびたいやま》スキー場へのアクセスにも活用されることになった。

長野電鉄では、長野オリンピックに向けた輸送力増強と老朽車の置き換えを目的として、１９９２（平成４）年から１９９７（平成９）年にかけて営団地下鉄（現・東京メトロ）日比谷線で活躍していた３０００系をのべ39両（うち2両は部品確保用）も譲受、耐雪・耐寒改造などを加えたうえで2両および3両編成に組み替えて運転を開始した。長野電鉄では３５００系と呼ばれ、同社の最大勢力車両となった。

さらに、列車増発に必要な線路容量をあげるため、単線区間の北須坂駅と延徳駅に行き違い設備を設けた。線路の配線は「1線スルー方式」で、通過列車は直線側を減速せずに走行できるようにした。また、両駅共にこの機会に駅舎も改築している。

北須坂駅は1993（平成5）年10月19日に着工、翌年6月24日に竣工している。ただし、北須坂駅の行き違い施設はオリンピック閉会後に撤去された。

また延徳駅は1994（平成6）年6月24日に着工、同年10月13日に竣工した。用地の制約もあり、延徳駅は300メートルほど信州中野寄りに移転している。

オリンピック特別輸送の対応

●「あさま」は定期ダイヤの本数を倍増に

オリンピック期間中の鉄道輸送は、増発や延長運転など特別体制が組まれている。

会場への足としてメインに据えられたのは、長野新幹線「あさま」だった。臨時列車や軽井沢止まりの列車を長野まで延長することで、土曜・休日は1日最大47往復の運転とした。定期ダイヤの場合、長野まで入る列車は24往復だったので、ほぼ倍増となった。この設定で、先述の２００系による応援が必要となったのである。輸送量はピーク時の１日片道で２万５０００人を見込んだ。

また、オリンピック会場は大糸線沿線にもあることから、当時１８３系で運転されていた新宿～松本間の特急「あずさ」で臨時列車を増発、さらに新宿～甲府間の特急「かいじ」を松本まで延長した。この時代、急行「アルプス」が夜行で新宿～南《みなみ》小《お》谷《たり》間など（松本経由）を1往復していたが、新宿～長野間（松本経由）などに臨時列車を増発している。こちらは１８３系および１８９系で運転された。また、競技のある日は会場最寄りの白馬駅まで大糸線の普通列車を増発、さらに編成も増結して輸送力を拡大した。なお、Ｅ３５１系「スーパーあずさ」は通常運行だった。

●中部・関西方面からは多くの夜行列車を運転

さらに中部・関西方面からの足として、名古屋発着では名古屋～長野間に往路は特急「しなの71号」、復路は夜行急行「きそ」、名古屋～妙高高原間（長野経由）に往路夜行、復路昼行の「妙高・赤倉」、名古屋～白馬間（松本経由）に往路は夜行急行「つがいけ」、復路は特急「しなの72号」、名古屋〜松本間に往復昼行の急行「安曇野」を運転している。

この時代、中央西線の特急には1994（平成6）年から「ワイドビュー」こと383系が登場していたが、国鉄から引き継いだ381系も引き続き使用されていた。「安曇野」は急行形の165系で運転されたが、ほかはすべてこの381系が使われている。ヘッドマークは「臨時」と表示されたが、冬季オリンピックをイメージした雪山のイラスト入りだった。

なお、急行の多くが夜行で運転されているが、これは線路の空きを狙ったというより、会場周辺の宿泊不足を補う設定だったと思われる。結果としてリーズナブルに観戦できるサービスでもあった。

また、関西発着では姫路〜長野間（北陸・信越本線経由）の夜行急行「妙高・志賀」（往路3号・復路2号）、姫路〜白馬間（北陸・大糸線経由）の夜行急行「白馬・栂池」（往復とも3号）が臨時運転されたほか、特急「サンダーバード」の直江津延長運転も行なわれている。「妙高・志賀」では583系＋485系という編成も登場した。時刻表には「サロンカー連結」とされているが、これは583系のグリーン車を開放したものだ。

大糸線経由の「白馬・栂池」は、非電化区間も走行するため、キハ181系が使われたと思われる。大糸線は１９９５（平成７）年に発生した通称「７・11水害」と呼ばれた集中豪雨で白馬〜根知間が不通となっていたが、最後までバス代行輸送に頼っていた南小谷〜小滝間もオリンピック直前の１９９７（平成９）年11月29日に開通、全線で運転を再開している。これもオリンピック開催を見据えた工事だったのだ。

●シャトルバスにはハイブリッド車が活躍

また、オリンピックの期間中、ＪＲきっぷに英字が併記された。対象は普通乗車券、グリーン券、特急の指定席券および自由席券で、全国の「みどりの窓口」の端末で発券されるきっぷを一斉に変更した。これはマルスのプログラムを手直しして実施するものだった。英字が併記されるのは新幹線全駅と特急「成田エクスプレス」「はるか」の停車駅の駅名および乗車券（FARE TICKET）、特急券（SUPER EXPRESS）といった券種。当初は年明けからとされたが、前倒しの12月16日からスタートしている。

このほか、フランス語もオリンピックの公用語となるため、「あさま」および「成田エクスプレス」の車内放送や電光表示にフランス語を追加した。

会場最寄り駅から会場へのアクセスは、シャトルバスが運行されているが、ここでは

篠ノ井駅前に並んだ開会式会場へと向かうシャトルバス。1998年2月7日

徐々に導入が始まっていたディーゼルエンジンと電気モーターを組み合わせたハイブリッドバスが優先的に活用された。

白馬村周辺の輸送を担当した松本電鉄（現・アルピコ交通）では、1994（平成6）年から導入していた日野自動車工業のハイブリッドバスHIMRを投入した。メーカーによれば、燃費は5～15パーセント悪くなるが、NOxは20～30パーセント減、黒煙は約70パーセント減とされ、長野オリンピックの基本理念とされた「美しく豊かな自然との共存」にふさわしい車両だった。

この松本電鉄のハイブリッドバスは、元々上高地線での使用を考えて導入されたもので、オリンピック会期中は白馬村に移動、会期後は再び上高地線に戻されて活躍している。

なお、低公害車の導入は観客輸送に留まらず、ＮＡＯＣ（長野オリンピック組織委員会）が用意した、選手・役員・報道向けの車両も１０４台が天然ガスあるいはハイブリッドとされて、環境に対する配慮がＰＲされている。

なお、ＪＲでは２月末にオリンピック期間中の輸送結果を発表しているが、長野新幹線「あさま」利用者は約65万５０００人で、在来線時代の特急「あさま」と比べ対前年２０３パーセントとなった。また、特急「あずさ」は約24万９０００人で１１０パーセント、特急「しなの」は約18万２０００人で１３１パーセントとなったほか、大糸線などの普通列車はＪＲ東日本の長野支社管内を合わせて約１０５万５０００人、１９３パーセントにのぼり、同支社発足以来の人員輸送となったのである。

長野オリンピックの開催された時代

●新たな超高速時代に入った新幹線

長野オリンピックの開催されたときは、日本の鉄道界にとって大きな動きのある時代で

秋田駅で行なわれた秋田新幹線「こまち」出発式。1997年3月22日

もあった。

国鉄の民営化で発足したＪＲグループは１９９７（平成９）年４月１日で満10周年を迎えていた。その直前、３月22日にはＪＲグループの全国ダイヤ改正が行なわれた。

この時、ＪＲ西日本では山陽新幹線で５００系が登場、当初「のぞみ」１往復の設定だったが、日本で初めてとなる最高時速３００キロ運転を開始した。また、ＪＲ東日本では山形新幹線に続いて２番目となる秋田新幹線が開業している。同時に東北新幹線向けのＥ２系、秋田新幹線向けのＥ３系も登場、これらの車両を使って東北新幹線の最高速度も時速２４０キロから時速２７５キロに引き上げられた。

すでに１９９２（平成４）年から３００系「のぞみ」による時速２７０キロ運転も始まっており、さらに例外的ながらＪＲ東日本でも上越新幹線の下り勾配で時速２７５キロまで加速する運転を１９９０（平成２）年から行なっていたが、このダイヤ改正を機に新たな超高速時代に入ったのである。

●横川～軽井沢間の碓氷峠越えは過去のものに

そして先述のように１９９７（平成９）年10月１日には北陸新幹線の高崎～長野間が「長野行新幹線」として開業した。同時に並行在来線の処遇が問題となり、信越本線の軽井沢～篠ノ井間は第三セクターしなの鉄道に転換されている。これは新幹線開業にともなう並行在来線の転換として初めての事例となった。

これにより信越本線は分断されることになったが、さらに碓氷峠を越える急峻な行路となっていた横川～軽井沢間11・２キロは廃止されている。ちなみに横川駅の標高は３８６・６メートル、それに対して軽井沢駅は９３９・１メートルもあり、まさに絶壁をよじ登るようなかたちに線路が敷かれていたのだ。

建設当時、勾配克服のためにループやスイッチバックを多用したプランがいくつも検討され、結局、日本初となるアプト方式のラック式鉄道となった。線路の間にラックレールを敷き、ここに機関車の歯車を噛み合わせて登っていくものだ。この方式は明治の開通時から戦後まで踏襲されたが、強力な勾配専用電気機関車ＥＦ63形およびＥＦ62形が開発され、１９６３（昭和38）年7月からラックレールを使わない通常の粘着運転に変更された。

「通常」とはいってもこの間の運転は特殊だった。碓氷峠を通過するすべての列車は、必ず横川方に2両のＥＦ63形を連結し、その力を借りて走っていた。これは自走する動力を持つ電車や気動車も同じで、なおかつ碓氷峠通行に合わせた特殊車両が用意されていた。列車速度や連結両数にも制約があり、常に運行上のネックとなっていたのである。

ここで新幹線という代替交通ができることを期に、新幹線開業前日の9月30日限りで運行を終え、１０４年間にわたって運行してきた信越本線の碓氷峠に幕が降りたのだ。なお、役目を終えた関連施設は、その後「旧碓氷峠鉄道施設」として国の重要文化財に指定されている。

●相次いで着工した整備新幹線

また、長野オリンピックの開催に後押しされるかたちで建設が進められた「長野行新幹線」をきっかけとして整備新幹線に対する考え方や法体系も調整され、計画されていた各新幹線の建設が具体的に動き始めた。

「長野行新幹線」が本来の姿となる北陸新幹線は、すでに糸魚川〜魚津間、石動《いするぎ》〜金沢間で着工されていたが、長野オリンピック開催中に長野〜上越（仮称）間のフル規格による工事申請が出され、これは３月13日に着工している。その後、途中の区間もフル規格の追認が下り、工事が進められた。こうして２０１５（平成27）年３月14日に北陸新幹線は金沢まで延伸、現在はその先の建設が進められている。

東北新幹線ではすでに盛岡〜八戸間で建設が進められていた。当時、八戸〜新青森間で検討されていたミニ新幹線方式は取り下げられ、長野オリンピック開催中にフル規格の工事申請が出されて承認、北陸新幹線長野〜上越（仮称）間に続いて３月28日に八戸〜新青森間も着工している。こうして２００２（平成14）年12月１日に八戸延伸を果たし、２０１０（平成22）年12月４日には東北新幹線が新青森まで全通している。

九州新幹線は八代〜西鹿児島（現・鹿児島中央）間でスーパー特急方式によって建設工事が進められていた。博多〜八代間の建設検討も進められており、長野オリンピック直前の１９９８（平成10）年１月21日には九州新幹線（鹿児島ルート）博多〜西鹿児島間の建設維持を確認、南船小屋信号場〜新八代間をスーパー特急方式で優先的に着工することが発表された。この優先区間はオリンピック閉幕後の3月12日に工事実施計画が認可された。

九州新幹線の鹿児島ルートは、その後、全区間をフル規格に変更することになり、２００４年（平成16）年3月13日に新八代〜鹿児島中央間、２０１１（平成23）年3月12日に博多〜新八代間が開業している。

このほか、北海道新幹線についても１９９８（平成10）年1月21日に新青森〜札幌間の建設維持が確認され、着工に向けた手続きへと進んでいる。

●時代を象徴する画期的な車両がデビュー

最後にこの時代に誕生した印象的な車両をひとつ紹介しておきたい。熊本市電として活躍する熊本市交通局の９７００形電車だ。日本で初めての超低床式路面電車で、ＬＲＴ（Light Rail Transit）となる路面電車新時代の幕開けとなった車両だ。

１９６０年代から１９７０年代にかけて、日本の路面電車は道路交通で渋滞を引き起こす元凶のひとつと捉えられ、過去にオリンピックの開催された東京や札幌でも撤廃政策がとられた。しかし、１９７３（昭和48）年のオイルショックなどにより、風向きが多少変わる。路面電車を環境に優しい乗り物と捉え、可能なものは維持していこうという姿勢に

路面電車の新たな時代の幕開けとなった9700形電車。撮影：筆者

なったのだ。

熊本市もこうした時代の流れを的確に見据え、軌道敷内通行可区間の見直し、電停の改良、運行間隔の短縮、終電延長など地道な対策を取りながら活性化をはかっている。そして１９８２（昭和57）年には日本初のＶＶＶＦインバータ制御となる電車も導入した。さらに欧米の路面電車復活に学んでＬＲＴを研究、超低床車両の導入を進めることになった。

製造は日本の新潟鐵工所（現・新潟トランシス）が担当したが、低床構造などについては日本で前例がないことからドイツのＡＥＧ社（現・アドトランツ社）と技術提携して完成に持ち込んだ。１９９７（平成９）年に誕生したことから、形式名は年号にちなんで９７００形となった。

この９７００形は同年８月から運転を開始、予想通りの成果を上げて熊本市交通局では増備を進めていく。また、熊本市電の成功は日本の路面電車事業者に大きなインパクトとなり、各地で超低床式車両の導入やＬＲＴとして使いやすい路面電車への体質改善を進めることになった。

長野オリンピックでうたわれた「美しく豊かな自然との共存」という基本理念はこの時代を象徴するキーワードであり、これが路面電車など鉄道の見直しと活用につながっている。長野オリンピックの開催された時代は、まさに現在の「ＳＤＧｓ（持続可能な開発目標）」に向かう大きな転換期だったのだ。

おわりに　２０２０年　東京

そして２０２０（令和２）年、７月24日から８月９日まで17日間にわたって「東京２０２０」こと「第32回オリンピック競技大会」が開催される。東京を中心に北海道から静岡県まで各地を会場として33競技３３９種目が競われる。さらに引き続き８月25日から９月６日にかけて「東京２０２０パラリンピック競技大会」も開催され、これは大半が「東京２０２０」と同じ会場を使用して22競技５３７種目が行なわれる。

東京での開催は１９６４（昭和39）年の第18回大会以来56年ぶり２回目となるが、同一都市による複数回開催は日本国内だけでなくアジアでも初となる快挙だ。

今回の大会は２０１１（平成23）年５月に候補地の募集がなされた。日本は同年３月11日に東日本大震災に見舞われていたが、その辛さを払しょくする夢のイベントということもあって東京都が立候補に動いたのである。

ＩＯＣ（国際オリンピック委員会）で数次にわたる検討が行なわれ、２０１３（平成25）年９月７日にブエノスアイレスで開かれた総会において開催都市が東京と決定した。３日後の９月10日には文部科学省の「２０２０年東京オリンピック・パラリンピック競技大会準備本部」が設置され、追って「東京オリンピック・パラリンピック担当大臣」も新設された。こうして体制が整えられ、2014（平成26）年には大会の運営や準備などの実務を担う「東京オリンピック・パラリンピック競技大会組織委員会」も発足している。

「東京2020」の競技種目が正式に公表されたのは2019（平成31）年3月のことだったが、実務レベルでは早くから会場の検討と設定を行なっていた。さらに会場ごとにアクセス方法（アクセシブルルート）なども想定され、関係機関との調整や準備を進めてきたのである。

前回の東京オリンピックなどでも実施されていたが、選手やメディアなどに対してはバスや乗用車による専用の輸送システムを準備、観客に対しては公共交通機関を活用して必要に応じたシャトルバスを設定するものとしている。

この観客向け公共交通機関は鉄道を基本に想定され、鉄道駅から徒歩あるいはシャトルバスで会場に入る想定だ。玄関口となる駅（**表参照**）は、単に距離的な判断だけでなく、各交通機関の輸送力なども合わせて検討されており、会場や競技によっては入場時と退場時の駅を分けているものもある。

すでに東京では緻密な鉄道網が発達しており、開催に向けた立候補の際も「成熟した都市基盤」として長所にうたわれていた。ただし、前年の1次抽選だけで入場券の発行枚数は322万枚とされ、最終的なのべ動員数は相当な数にのぼるだろう。これは1400万人近い人々が暮らす東京でも、かつて経験したことのないような大きなインパクトになるにちがいない。

大会組織委員会と東京都は、大会期間中の列車の混雑や深夜時間帯における競技会場からの帰宅の需要に対応するため、東京圏の鉄道事業者各社局とともに協議・調整を行なっている。対策の一例としては、通常の終電終了後に列車を運行するというものだ。この対応の対象となっているのは、JR東日本、東武鉄道、西武鉄道、京成電鉄、京王電鉄、小田急電鉄、東急電鉄、京浜急行電鉄、東京メトロ、東京都営地下鉄、東京モノレール、ゆりかもめ、東京臨海高速鉄道（りんかい線）、首都圏新都市鉄道（つくばエクスプレス）、埼玉高速鉄道、北総鉄道、横浜高速鉄道（みなとみらい線）、横浜市営地下鉄、相模鉄道などで、おおむね午前1時台から2時ごろまでの運行を検討している。さらにJR山手線や都内の地下鉄では2時過ぎまで運行される路線も出てきそうだ。

再整備が進む千駄ケ谷駅の臨時ホーム

鉄道事業者はこうした運行体制だけでなく、拠点となる駅の整備も進めている。

前回の東京オリンピックでメインの玄関口となったJR千駄ケ谷駅では、使用を休止していた臨時ホームの再整備をはじめ、駅舎も新たにつくりなおしてその対応にあたっている。これは3月22日から新ホームの運用を開始する予定だ。

また、国立代々木競技場への玄関口となるJR原宿駅も明治神宮初詣向けに活用されていた臨時ホームを常設化、こちらは3月21日から運用を開始する予定だ。合わせて山手線を跨ぐ神宮橋のわきに新たな橋上駅舎も建設しており、これも同時に使用開始となる。

現行の駅舎は1924（大正13）年に竣工、現在では都内にある木造駅舎でもっとも古いとされ

現在の原宿駅舎。撮影：筆者

ている。実はこの新駅舎の完成によって解体も予告されており、きわめて残念な処遇に思える。

このほか、ＪＲや地下鉄、私鉄各社で進められてきたホームドアの設置、あるいはバリアフリー化への改修も「東京２０２０」をひとつの目処として加速している。さらに東海道・山陽・九州新幹線で今年の5月中旬から始まる「特大荷物の事前予約制」も、ひとつは「東京２０２０」に向けた対策にもなっているだろう。鉄道は「東京２０２０」でも大会運営において重要な役割を担うことになったのである。

会場名	おもな競技種目	場所	アクセス想定駅
陸上自衛隊 朝霞訓練場	射撃	練馬区	東武東上線　朝霞駅ほか
武蔵野の森 総合スポーツプラザ	バドミントン、近代五種(フェンシング)	調布市	京王線　飛田給駅
東京スタジアム	サッカー、ラグビー、近代五種	調布市	京王線　飛田給駅
武蔵野の森公園	自転車競技(ロードレース)	府中市	西武多摩川線　多磨駅
幕張メッセ Aホール	テコンドー、 レスリング	千葉市	JR京葉線　海浜幕張駅
幕張メッセ Bホール	フェンシング	千葉市	JR京葉線　海浜幕張駅
釣ヶ崎海岸 サーフィンビーチ	サーフィン	千葉県 一宮町	JR外房線　上総一ノ宮駅
さいたま スーパーアリーナ	バスケットボール	さいたま市	JR京浜東北線ほか さいたま新都心駅
埼玉スタジアム2002	サッカー	さいたま市	埼玉高速鉄道 浦和美園駅ほか
霞ヶ関カンツリー倶楽部	ゴルフ	川越市	西武新宿線　狭山市駅ほか
横浜国際総合競技場	サッカー	横浜市	JR東海道新幹線・横浜線・横浜市営地下鉄ブルーライン 新横浜駅ほか
横浜スタジアム	野球・ソフトボール	横浜市	みなとみらい線　日本大通り駅
江の島ヨットハーバー	セーリング	藤沢市	小田急江ノ島線 片瀬江ノ島駅
伊豆ベロドローム	自転車競技 (トラック)	伊豆市	JR伊東線　伊東駅
伊豆MTBコース	自転車競技 (マウンテンバイク)	伊豆市	JR伊東線　伊東駅
富士スピードウェイ	自転車競技 (ロードレース)	静岡県 小山町	JR御殿場線　御殿場駅ほか
札幌大通公園	陸上競技 (マラソン／競歩)	札幌市	JR函館本線・千歳線 札幌駅ほか
札幌ドーム	サッカー	札幌市	札幌市営地下鉄東豊線 福住駅ほか
宮城スタジアム	サッカー	宮城県 利府町	JR東北新幹線ほか 仙台駅ほか
福島あづま球場	野球・ソフトボール	福島市	JR東北新幹線ほか　福島駅
茨城カシマスタジアム	サッカー	鹿嶋市	鹿島臨海鉄道 鹿島サッカースタジアム駅ほか

＊東京オリンピック・パラリンピック競技大会組織委員会「東京2020」公式ホームページ(https://tokyo2020.org/jp/)を元に作成。アクセス想定駅(アクセシブルルート)については検討中のものもあり、2020年1月10日現在。

「東京2020」の競技会場とアクセス想定駅

会場名	おもな競技種目	場所	アクセス想定駅
オリンピックスタジアム	開会式・閉会式、陸上競技、サッカー	新宿区	JR中央・総武緩行線　千駄ケ谷駅、信濃町駅、都営大江戸線　国立競技場駅ほか
東京体育館	卓球	渋谷区	JR中央・総武緩行線　千駄ケ谷駅、都営大江戸線　国立競技場駅
国立代々木競技場	ハンドボール	渋谷区	JR山手線　原宿駅、東京メトロ千代田線・副都心線　明治神宮前駅
日本武道館	柔道、空手	千代田区	東京メトロ東西線・半蔵門線・都営新宿線　九段下駅
東京国際フォーラム	ウエイトリフティング	千代田区	JR京浜東北線・山手線・東京メトロ有楽町線　有楽町駅
国技館	ボクシング	墨田区	JR総武線・都営大江戸線　両国駅
有明アリーナ	バレーボール	江東区	ゆりかもめ　新豊洲駅
有明体操競技場	体操	江東区	ゆりかもめ　有明テニスの森駅
有明アーバンスポーツパーク	自転車競技(BMX)、スケートボード	江東区	ゆりかもめ　有明テニスの森駅
有明テニスの森	テニス	江東区	りんかい線　国際展示場駅
海の森クロスカントリーコース	馬術(総合馬術)	江東区	りんかい線　東京テレポート駅
海の森水上競技場	カヌー（スプリント)、ボート	江東区	りんかい線　東京テレポート駅
青海アーバンスポーツパーク	バスケットボール、スポーツクライミング	江東区	りんかい線　東京テレポート駅
夢の島公園アーチェリー場	アーチェリー	江東区	JR京葉線ほか　新木場駅
東京アクアティクスセンター	水泳(競泳、飛込、アーティスティックスイミング)	江東区	東京メトロ有楽町線　辰巳駅
東京辰巳国際水泳場	水泳(水球)	江東区	東京メトロ有楽町線　辰巳駅
お台場海浜公園	水泳(マラソンスイミング)、トライアスロン	港区	ゆりかもめ　台場駅ほか
潮風公園	ビーチバレーボール	品川区	ゆりかもめ　台場駅
大井ホッケー競技場	ホッケー	品川区	東京モノレール　大井競馬場前駅ほか
カヌー・スラロームセンター	カヌー（スラローム)	江戸川区	JR京葉線　葛西臨海公園駅
馬事公苑	馬術(馬場馬術、総合馬術、障害馬術)	世田谷区	東急田園都市線　用賀駅ほか

IOC（東京オリンピック1964公式情報）
https://www.olympic.org/tokyo-1964
IOC（札幌オリンピック公式情報）
https://www.olympic.org/sapporo-1972
IOC（長野オリンピック公式情報）
https://www.olympic.org/nagano-1998
IOC（東京オリンピック2020公式情報）
https://www.olympic.org/tokyo-2020
日本オリンピック委員会　https://www.joc.or.jp/
東京オリンピック・パラリンピック競技大会組織委員会（TOKYO2020）
https://tokyo2020.org/jp/
国土交通省　https://www.mlit.go.jp/index.html
国土交通省関東地方整備局東京空港整備事務所
https://www.pa.ktr.mlit.go.jp/haneda/haneda/index.html
国土技術政策総合研究所　http://www.nilim.go.jp/
東京都建設局　http://www.kensetsu.metro.tokyo.jp/
日本航空（JAL'S HISTORY）
https://www.jal.com/ja/outline/history/
ANAグループ（運航機材の歴史）
https://www.ana.co.jp/group/company/ana/fleet/
札幌市（札幌の都市交通データブック）
https://www.city.sapporo.jp/sogokotsu/kotsutaikei/documents/data.pdf
札幌市（SAPPORO CITY TRAM 2010）
https://www.city.sapporo.jp/sogokotsu/shisaku/romen/documents/sapporocitytram.pdf
札幌市南区（定山渓鉄道）
https://www.city.sapporo.jp/minami/yawa/mokuji/3jozankei-rail/natukashi.html
信濃毎日新聞（長野五輪ニュース）
https://www.shinmai.co.jp/feature/olympic/

おもな参考文献・資料

『オリンピックと交通』（交通統計研究特輯号）交通統計研究所（1964）
須田寛『東海道新幹線』大正出版（1989）
『日本国有鉄道百年史』各巻（1969〜1974）
『東京地下鉄道日比谷線建設史』帝都高速度交通営団（1969）
『営団地下鉄五十年史』帝都高速度交通営団（1991）
『京王帝都電鐵三十年史』京王帝都電鉄（1978）
『京王電鉄五十年史』京王電鉄（1998）
『東京の都市づくりのあゆみ』東京都（2019）
川辺健一『オリンピックと東京改造』光文社（2018）
片木篤『オリンピック・シティ東京1940・1964』河出書房新社（2010）
浜田幸絵『<東京オリンピック>の誕生　一九四〇年から二〇二〇年へ』吉川弘文館（2018）
『広報さっぽろ』（2014年2月号）、札幌市（2014）
『郷土史ていね』第107号、手稲郷土史研究（2016）
宮脇俊三編著『鉄道廃線跡を歩く』日本交通公社（1995）
石坂友司・松林秀樹編著『<オリンピックの遺産>の社会学　長野オリンピックとその後の十年』青弓社（2013）
武田薫『オリンピック全大会』朝日新聞社（2008）
『国鉄監修　時刻表』各号、日本交通公社
『JR時刻表』各号、交通新聞社
『国鉄線』各号、交通協力会
『交通技術』各号、交通協力会
『鉄道ピクトリアル』各号、電気車研究会
『鉄道ファン』各号、交友社
『鉄道ジャーナル』各号、鉄道ジャーナル社
『最新SLダイヤ情報』各号、弘済出版社
『鉄道ダイヤ情報』各号、交通新聞社
『交通新聞』各号、交通新聞社
『交通年鑑』各号、交通協力会
『世界の鉄道』各号、朝日新聞社
『年鑑　日本の鉄道』各号、鉄道ジャーナル社
読売新聞世論調査部編『10大ニュースに見る　戦後50年』読売新聞社（1996）
野島博之監修『昭和史の地図』成美堂出版（2005）

松本典久（まつもとのりひさ）
1955年東京生まれ。出版社勤務を経てフリーランスの鉄道ジャーナリストに。『鉄道ファン』や『旅と鉄道』などへの寄稿、鉄道関連の書籍、ムックの執筆や編著などを行なう。近著に『時刻表が刻んだあの瞬間－JR30年の軌跡』（JTBパブリッシング）、『東京の鉄道名所さんぽ100』（成美堂出版）、『Nゲージ鉄道模型レイアウトの教科書』（大泉書店）、『昭和の終着駅』シリーズ、『君も！鉄道マイスター 首都圏』（以上、共著・交通新聞社）、『どう変わったか？　平成の鉄道』（交通新聞社新書）など。

交通新聞社新書140
オリンピックと鉄道
東京・札幌・長野　こんなに変わった交通インフラ
（定価はカバーに表示してあります）

2020年2月17日　第1刷発行

著　者――松本典久
発行人――横山裕司
発行所――株式会社　交通新聞社
https://www.kotsu.co.jp/
〒101-0062　東京都千代田区神田駿河台2-3-11
NBF御茶ノ水ビル
電話　東京（03）6831-6560（編集部）
東京（03）6831-6622（販売部）

印刷・製本―大日本印刷株式会社

ISBN978-4-330-01920-8